2.-4. Schuljahr

Gabriela Rosenwald

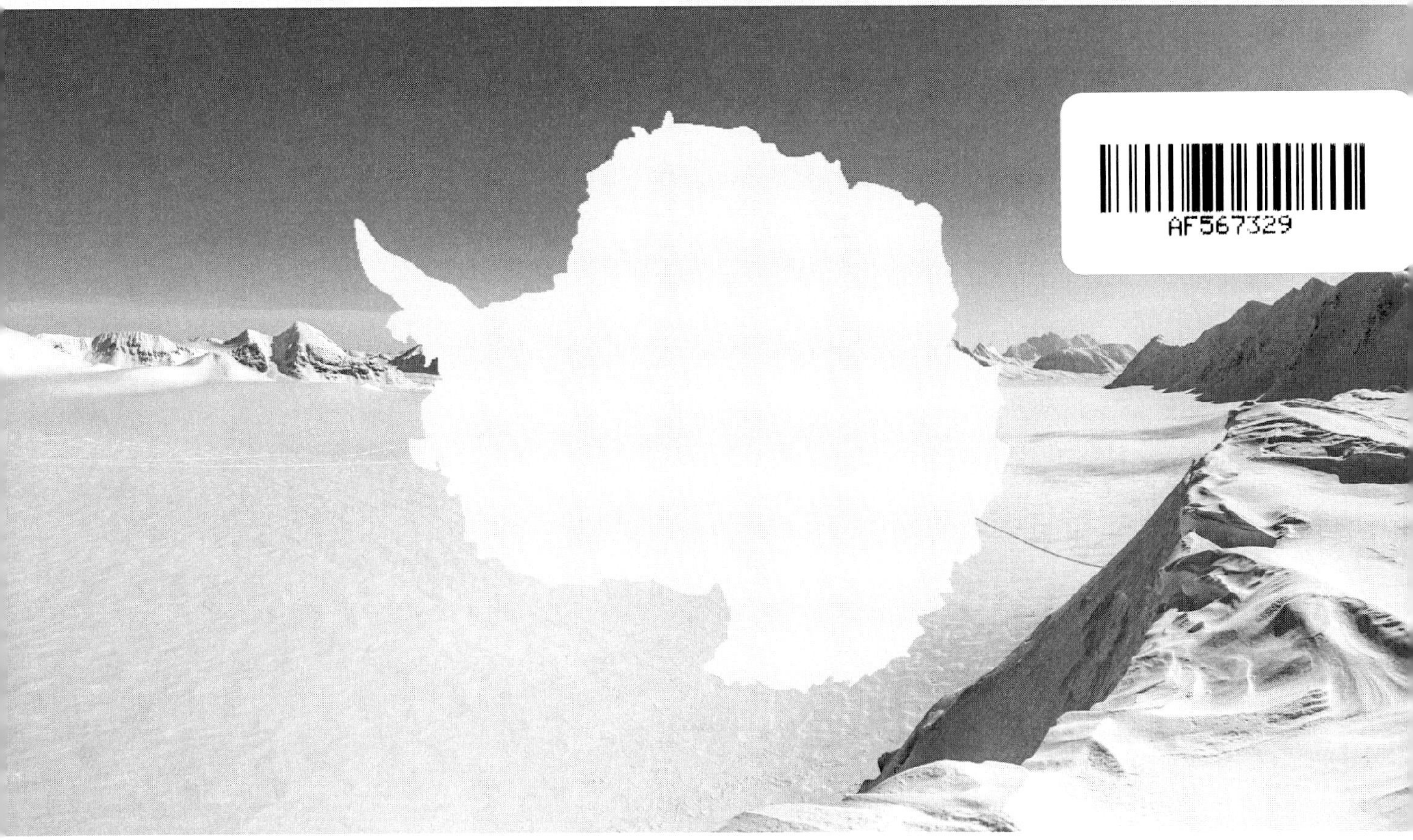

Lernwerkstatt

Arktis und Antarktis

Die Kontinente der Erde kennen lernen

www.kohlverlag.de

Lernwerkstatt ARKTIS UND ANTARKTIS
2.-4. Schuljahr

6. Auflage 2023

Inhalt: Gabriela Rosenwald
Coverbild: © stringerphoto & sodar99 - fotolia.com
Grafik & Satz: Kohl-Verlag
Druck: farbo prepress GmbH, Köln

Bestell-Nr. 11 881

ISBN: 978-3-96040-008-0

Bildquellen:

Auf allen Seiten: © aussieanouk - Fotolia.com; Seite 5: © cpauschert - Fotolia.com; Antarktischer Ozean, gemeinfrei - wikimedia.org; Seite 7: © katerina_dav - Fotolia.com; Seite 8: © Thesevenseas - wikimedia.org; Seite 9: © juulijs - Fotolia.com; Roald Amundsen, gemeinfrei; Aan_de_Zuidpool, gemeinfrei - wikimedia.org; Seite 10: © f11photo - Fotolia.com; Seite 11: © Cogito ergo sumo - wikimedia.org; Seite 12: © agaes 8080 Fotolia.com; © Cogito ergo sumo - wikipedia.org; Seite 14: © Inuit-Iglu - wikipedia.org; © Nikokvfrmoto - Fotolia.com; Seite 15: © Fobos92 - wikimedia.org; Seite 16: © Anna Velichkovsky; Zerbor - Fotolia.com; Seite 17: © psvrusso; lucaar; aussieanouk - Fotolia.com; Seite 18: © insima; makar; agaes8080 - Fotolia.com; Seite 19: © efengai; aussieanouk - Fotolia.com; Seite 20: © Matthew Cole - Fotolia.com; Seite 21: © Rama; H3llkn0wz - wikimedia.org; © Patrick J., josefpittner; dmicha; Erni; Tony Campbell; Dimitry Chulov - Fotolia.com; Seite 24: © platinka - Fotolia.com; Seite 25: © jacklooser; bullet_chained - Folotia.com; Seite 26: © Achim Baqué - Fotolia.com; Seite 27: © tempakul; Vasiliy Voropaev; blueringmedia; Alexander Pokusay - Fotolia.com; Seite 28/29: © comodo777; horgel020580; Fotolia.com; Seite 29: indomercy; ridjam; RunningFan; Christian Musat; Michael Rosskothen - Fotolia.com; © Lycaon - wikimedia.org; Seite 31: © Anna Velichkovsky; agaes8080 - Fotolia.com; Seite 33: © Antarctica-Karte, gemeinfrei - wikimedia.org; Seite 34: © lantapix - Fotolia.com; Seite 35: © Pygoscelis - wikimedia.org; Seite 36: © aussieanouk - Fotolia.com; Seite 37: © ksenyasavva; chingowin - Fotolia.com; Seite 38: © Papa Lima Whiskey - wikimedia.org; © Christian Musat - Fotolia.com; Seite 39: © Hgrobe - wikimedia.org; © picsfive - Fotolia.com; Seite 40: © art zzz - Fotolia.com; © b201735; pilipenkod - Fotolia.com; Seite 42: © insima - Fotolia.com; Seite 43: © Tatiana Shepeleva; indomercy; JoeyBear - Fotolia.com; Seite 44: © JoeyBear; Andrea Danti - Fotolia.com; Seite 45: phillIbg; tigatelu - Fotolia.com; Seite 46: © Thesevenseas - wikipedia.org; Seite 47: © Vasily Merkushev; horgel020580 - Fotolia.com; Seite 48: © ksenyasavva - Fotolia.com

Inhalt

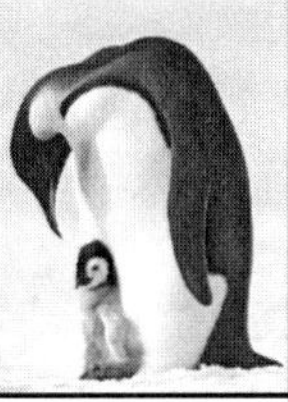

Lernwerkstatt ARKTIS UND ANTARKTIS
Grundschule – Bestell-Nr. 11 881
KOHL VERLAG

Vorwort

Liebe Kolleginnen und Kollegen,

Arktis und Antarktis – kalt und das halbe Jahr dunkel – liegen an den beiden Polen unserer Erde. Trotzdem gibt es dort faszinierendes Leben. Die Inuit im Norden, viele Forschungsstationen im Süden, Pinguine, Eisbären, Robben, Walrosse, Wale – wer lebt wo, wer lebt wie? Was ist Krill – wer frisst wen? Was hat es mit den Polarlichtern auf sich? Wie können Menschen in diesen eisigen, unwirtlichen Gebieten leben? Was gibt es alles auf einer Forschungsstation?

Viele spannende Fragen! Lückentexte, Schüttelsätze, Rätsel, Rollenspiele, Malen und Basteln lassen auch jüngere Schüler in diese Gebiete Einblick gewinnen. Auch die Umweltprobleme haben Arktis und Antarktis erreicht. Wodurch entstehen sie? Was kann man dagegen tun? Altersgemäß wird auch dieses Thema aufgegriffen.

Viel Erfolg und Spaß beim Entdecken und Erforschen wünschen Ihnen der Kohl-Verlag und **Gabriela Rosenwald**

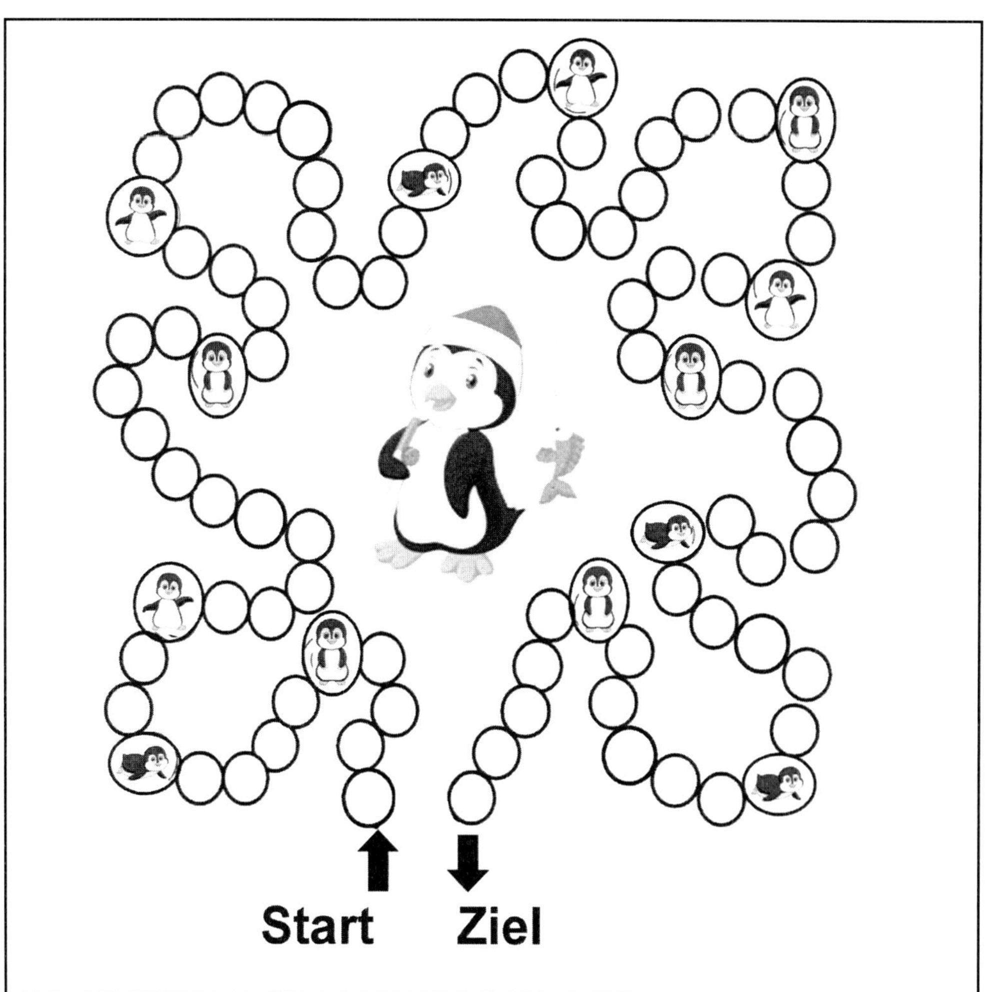

Bedeutung der Symbole:

Einzelarbeit

Arbeiten in kleinen Gruppen

Partnerarbeit

Arbeiten mit der ganzen Gruppe

Lernwerkstatt ARKTIS UND ANTARKTIS
Grundschule – Bestell-Nr. 11 881
KOHL VERLAG

I. Unsere Erde

Die Erde ist eine Kugel, das fanden schon die alten Griechen heraus. Bekannt waren Asien, Afrika und Europa. Auch Grönland, die größte Insel der Welt, wurde schon vor gut 1.000 Jahren von den Wikingern entdeckt.

Vor etwa 500 Jahren wurde dann die neue Welt entdeckt: Süd- und Nordamerika, später auch Australien/Ozeanien. Die Entdeckung des Nord- und Südpols erfolgte noch später. Man fand den Nordpol inmitten eines Meeres aus Eis. Den Südpol entdeckte man auf einem weiteren Kontinent: Antarktis.

Norden, Süden, Osten und Westen heißen die 4 „Himmelsrichtungen". Auf fast allen Landkarten findest du Norden oben und Süden unten. Der Osten liegt rechts, der Westen links. Der Äquator ist eine gedachte Linie rund um die Erde. Er teilt die Erde in eine Nord- und eine Südhälfte.

Die Breitengrade verlaufen nördlich und südlich parallel zum Äquator. Der Äquator hat eine Breitenangabe von 0°, die Pole haben die Angabe 90°.

Hinter dem Breitengrad schreibt man dann „N" für Nord oder „S" für Süd.

EA

Aufgabe 1: *Male die Gebiete an: Europa, Asien, Afrika und Grönland rot, Australien, Süd- und Nordamerika grün und die Antarktis blau. Notiere auch die Himmelsrichtungen Nord, Ost, Süd und West.*

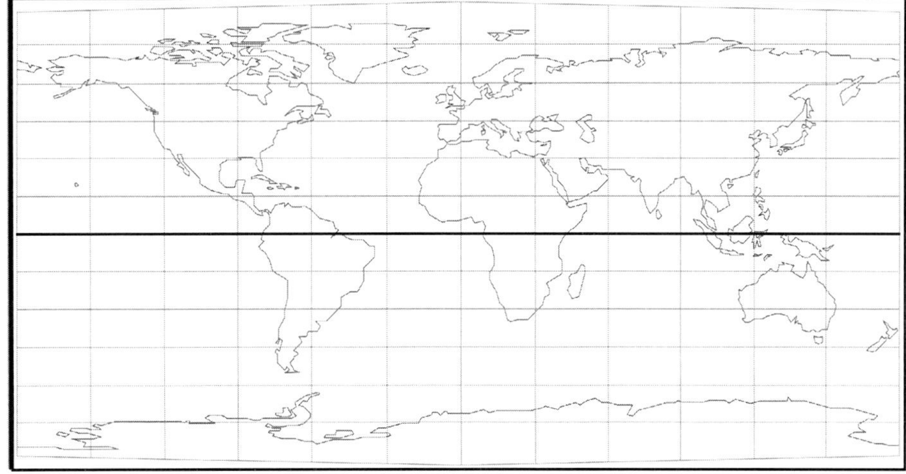

EA

Aufgabe 2: *Markiere in allen 3 Karten den Südpol blau, den Nordpol rot.*

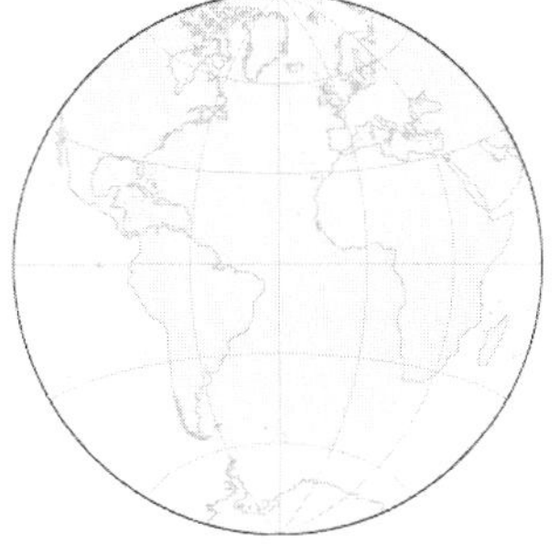

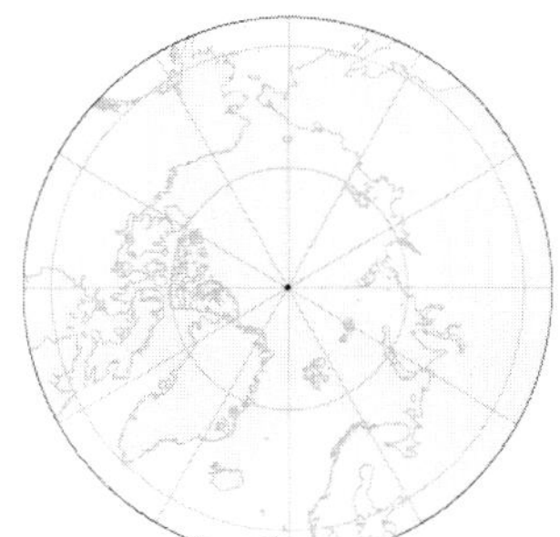

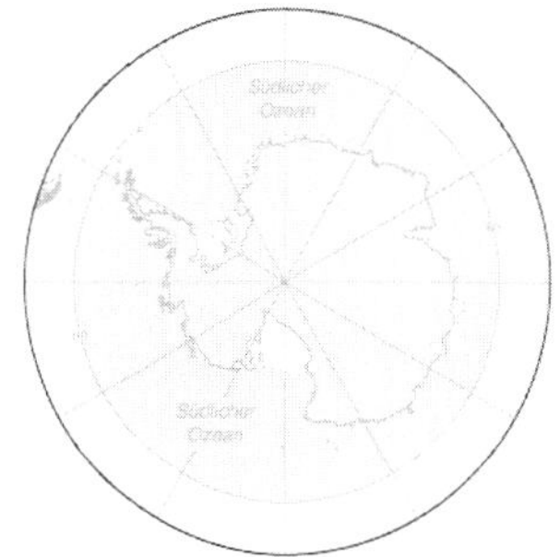

I. Unsere Erde

Klimazonen der Erde

Auf der Erde gibt es viele verschiedene Klimazonen. Ganz grob vereinfacht kann man aber drei zusammenfassen:

- **Polare Zone:** Die Temperaturen liegen hier fast immer unter 0 °C. Der Boden ist oft das ganze Jahr über gefroren. Niederschlag fällt meist als Schnee. Am Nordpol leben Eisbären, am Südpol Pinguine.
- **Gemäßigte Zone:** Hier gibt es vier Jahreszeiten mit Frühling, Sommer, Herbst und Winter. Die Temperaturen sind nicht zu heiß und nicht zu kalt, das nennt man gemäßigt. Die Niederschläge sind auch „normal", also nicht zu viel und nicht zu wenig. Weiter hin zum Äquator sind die Sommer heißer und die Winter milder. Regen- und Trockenzeiten wechseln sich ab. Hier finden sich auch große Wüsten.
- **Tropen:** Hier ist es das ganze Jahr über sehr feucht und heiß, es gibt keine Jahreszeiten. Hier wächst der Regenwald.

Nordpol 90° N

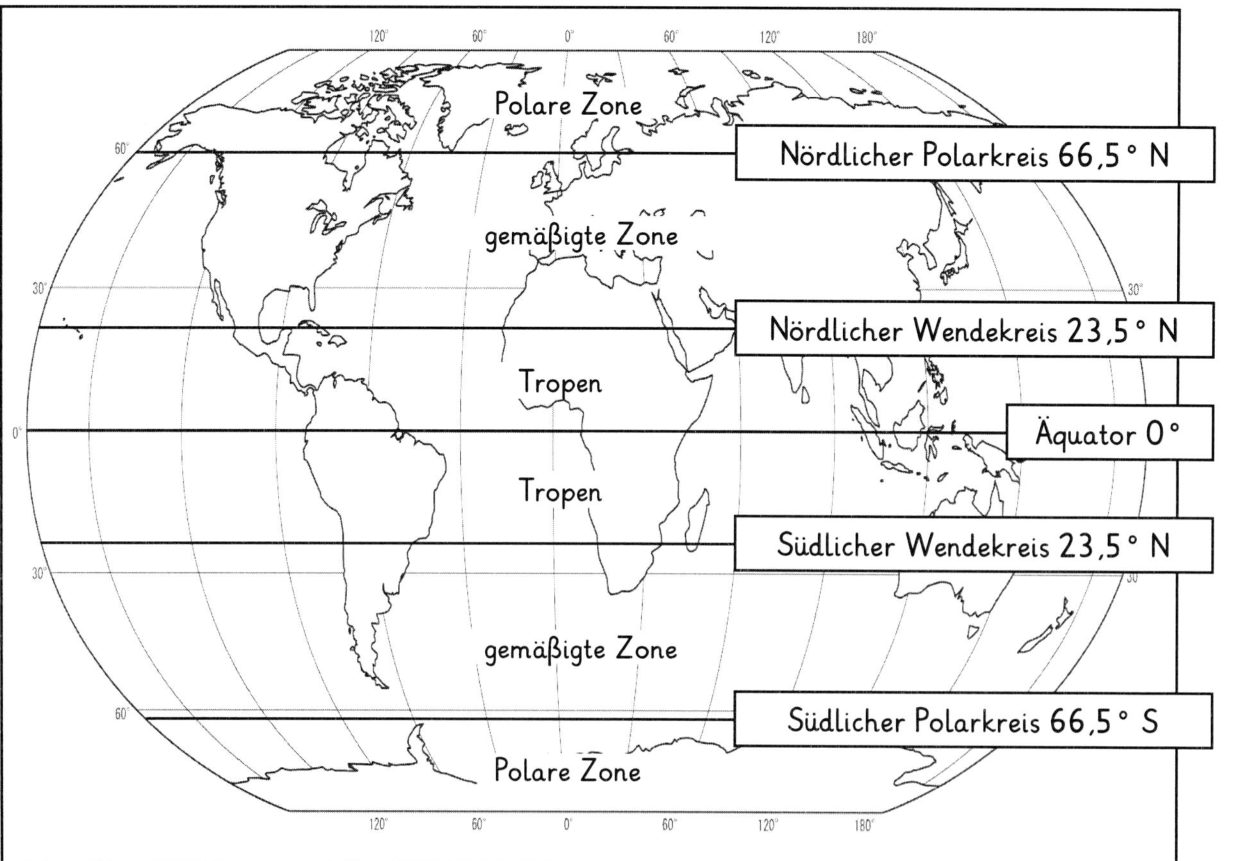

Südpol 90° S

I. Unsere Erde

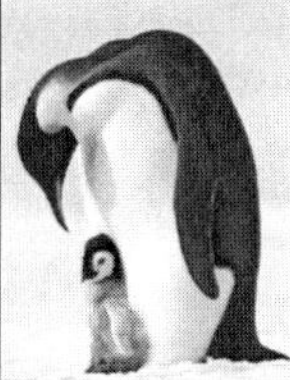

EA

Aufgabe 3: Male die Bilder zu den verschiedenen Klimazonen bunt aus. Notiere den Namen dazu und beschreibe die Gebiete.

KOHL VERLAG Lernen mit Erfolg
Lernwerkstatt ARKTIS UND ANTARKTIS
Grundschule – Bestell-Nr. 11 881

II. Arktis und Antarktis

Überblick

Die Arktis (das Gebiet um den Nordpol) und die Antarktis (das Gebiet um den Südpol) sind die kältesten Regionen (Zonen) unserer Erde. In Richtung Äquator (der unsere Erde in Nord- und Südkugel teilt) wird es immer wärmer.

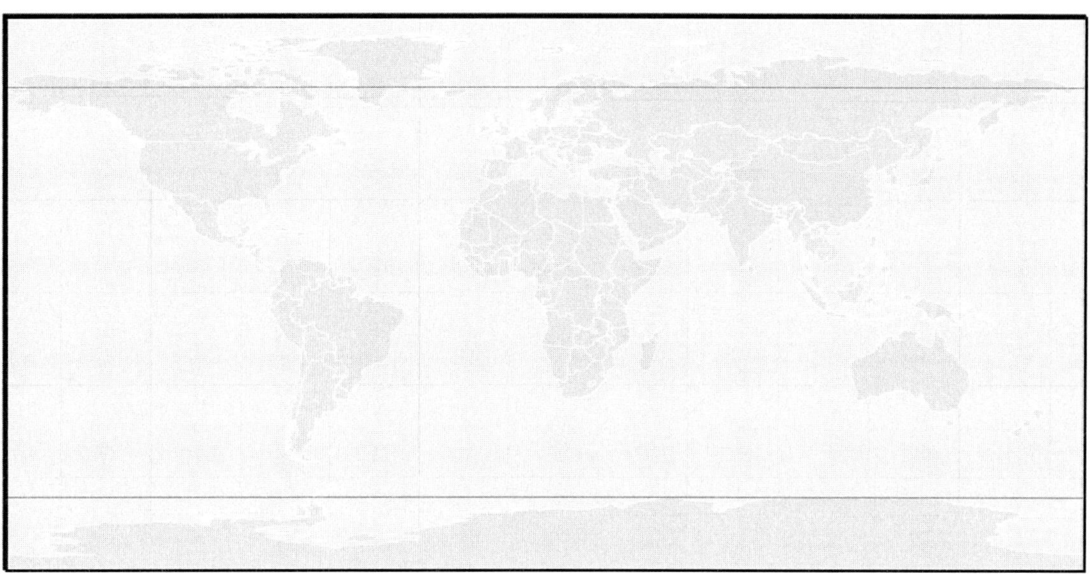

Die Arktis ist der nördlichste Punkt der Erde. Sie besteht zu zwei Dritteln aus dem Nordpolarmeer. Nur ein Drittel ist Land. Zur Arktis gehören die nördlichen Teile Nordamerikas, Asiens und Europas, dazu die Inseln Grönland und Spitzbergen.

Der größte Teil der Arktis ist von einer dicken Eisschicht bedeckt. Im Winter entstehen große, treibende Eisschollen, die auch Packeis genannt werden. Packeis ist gefrorenes Meerwasser (Salzwasser), das mehrere Meter dick werden kann.

Trotzdem gibt es hier viele Pflanzen und Tiere: Eisbären, Moschusochsen, Polarfüchse, Wale und Robben. An Pflanzen wachsen meist Moose, Flechten und Algen. Die Inuit und die Samen leben neben einigen anderen Völkern in der Arktis.

Die Antarktis liegt im südlichsten Punkt der Erde und ist ein wenig größer als Europa. Sie ist fast vollständig von einer Eiskappe überzogen. Die Antarktis ist das kälteste Gebiet der Erde. Hier kann es Temperaturen bis −89 °C geben. Das Meer um die Antarktis ist besonders stürmisch. Früher lebten hier keine Menschen. Heute haben viele Länder Forschungsstationen eingerichtet, wo Wissenschaftler arbeiten. Auch in der Antarktis gibt es riesige Gebiete aus Treib- und Packeis. Hier leben ebenfalls einige Tiere wie Pinguine, Seeleoparden und Wale, aber nicht dauerhaft Menschen.

EA

Aufgabe 1:

a) *Beschrifte oben in der Karte die Arktis, die Antarktis und den Äquator.*

b) *Wie nennt man die Gegend um den Südpol, wie die um den Nordpol?*

c) *Nenne drei Tierarten, die in der Arktis zu Hause sind.*

d) *Nenne drei Tierarten, die in der Antarktis leben.*

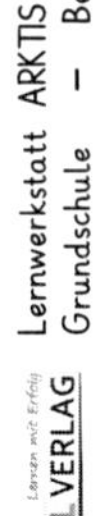

Lernwerkstatt ARKTIS UND ANTARKTIS
Grundschule – Bestell-Nr. 11 881

II. Arktis und Antarktis

Die Entdeckung der Pole

Robert Edwin Peary

Robert Edwin Peary (geb. 1856-1920) war ein amerikanischer Polarforscher. Er behauptete, im Jahre 1909 als erster Mensch den Nordpol erreicht zu haben. Doch seine Behauptung wurde immer wieder von der Forschung angezweifelt. Allerdings bestätigen neuere Untersuchungen jetzt wieder seine Erzählungen.

Peary, der den Norden von vielen Expeditionen durch Grönland kannte, hatte nur ein Ziel: Er wollte als erster Mensch den Nordpol betreten.

So nahm man zwischendurch an, dass sein Konkurrent beim Wettlauf in Richtung Pol, Dr. Frederick Cook (geb. 1865-1940), schon im April 1908 den Nordpol erreicht hätte. Doch im Laufe der Zeit tauchten auch in den Aussagen von Cook erhebliche Zweifel auf, die seine gesamte Nordpol-Expedition mit dem Erreichen des Pols in Frage stellten.

So bleibt bis heute noch Edwin Peary der erste Mensch, der den Nordpol betrat, bis das Gegenteil bewiesen wird.

Roald Amundsen

Die beiden Konkurrenten im Kampf um das Erreichen des Südpols, waren der Engländer Robert Falcon Scott (geb. 1868-1912) und der Norweger Roald Amundsen (geb. 1872-1928). Für den einen endete der Wettlauf mit dem größten Ruhm, für den anderen tödlich.

Obwohl beide Forscher mit ihren Teams fast gleichzeitig zum Marsch in Richtung Südpol aufbrachen, erreichte Amundsen am 14. Dezember 1911 als erster den südlichsten Punkt der Erde. Als Scott ebenfalls am Südpol am 18. Januar 1912 ankam, hatte Amundsen schon längst wieder sein Ausgangslager erreicht.

Auf der Rückreise gerieten Scott und seine Begleiter in heftige Schneestürme. Dazu hatten sie zu wenig Proviant und die falsche Ausrüstung. So kamen alle in dem eisigen Gebiet um.

Aufgabe 2: *Was musste man auf eine solche Expedition wohl alles mitnehmen? Überlegt gemeinsam!*

EA

Aufgabe 3: a) *Wer entdeckte den Nordpol?*
b) *Wer entdeckte den Südpol?*

Lernwerkstatt ARKTIS UND ANTARKTIS
Grundschule – Bestell-Nr. 11 881
KOHL VERLAG

II. Arktis und Antarktis

Polartag, Polarnacht und Polarlichter

In der Arktis und der Antarktis gibt es die Erscheinung des Polartages und der Polarnacht. Während des Polartages geht die Sonne während 24 Stunden nie unter – während der Polarnacht geht sie nicht auf.

Polartag und Polarnacht gibt es zwischen den Polarkreisen (66° Süd oder Nord) und den Polen (90° Süd oder Nord). An den Polarkreisen dauern Polarnacht und Polartag einen Tag, an den Polen 6 Monate. Je näher man also dem Nord- oder Südpol kommt, desto länger dauern Polartag und Polarnacht. Man spricht beim Polartag auch von der Mitternachtssonne, weil die Sonne nie untergeht.Gleichzeitig ist auf dem gleichen Breitengrad der anderen Erdhalbkugel Polarnacht.

Versuch:

Am besten kann man das an einem Globus erklären. Beleuchtet ihn von der Seite mit einer Taschenlampe und dreht ihn. An den Polen gibt es keinen Tag- und Nachtwechsel. Ist der Nordpol dem Licht zugewandt, ist hier Polartag, ist er dem Licht abgewandt, herrscht Polarnacht.

PA

Aufgabe 4: *Malt für den Nordpol und den Südpol jeweils den Polartag und die Polarnacht ein. Den Polartag malt ihr rot, die Polarnacht blau.*

Polarlichter

Um die Pole kann man oft interessante Lichter beobachten. Nordlicht oder Südlicht nennen wir sie. Polarlichter sind meistens von den Polen bis zu 60° nördlicher Breite zu sehen. Diese Erscheinungen am Himmel sieht man jedoch nur im Winter. Das tolle Lichtspiel erscheint in dunklen Nächten.

Wie entsteht es denn?

Das Licht entsteht, wenn elektrisch geladene Teilchen von der Sonne auf Gasteilchen der Luft treffen.

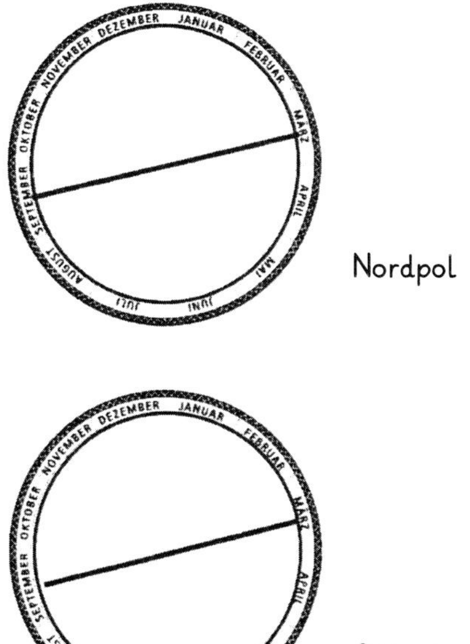

PA

Aufgabe 5:

Schaut euch Bilder vom Polarlicht im Internet an. Malt dann auf ein großes Blatt eine Landschaft mit diesem Nordlicht oder Südlicht.

III. Arktis

Karte der Arktis

Die Arktis kann nach den Breitengraden eingeteilt werden: alles, was nördlich des Polarkreises – also von 66 ° bis zum Nordpol 90 ° – liegt, gehört dazu. Man kann die Arktis auch nach der Temperatur einteilen: Gebiete, deren mittlere Temperatur im wärmsten Monat Juli 10 °C nicht übersteigt, gehören zur Arktis.

EA

Aufgabe 1: *Male den Polarkreis in der Karte blau an.*
Male die 10 ° Temperaturlinie rot an.

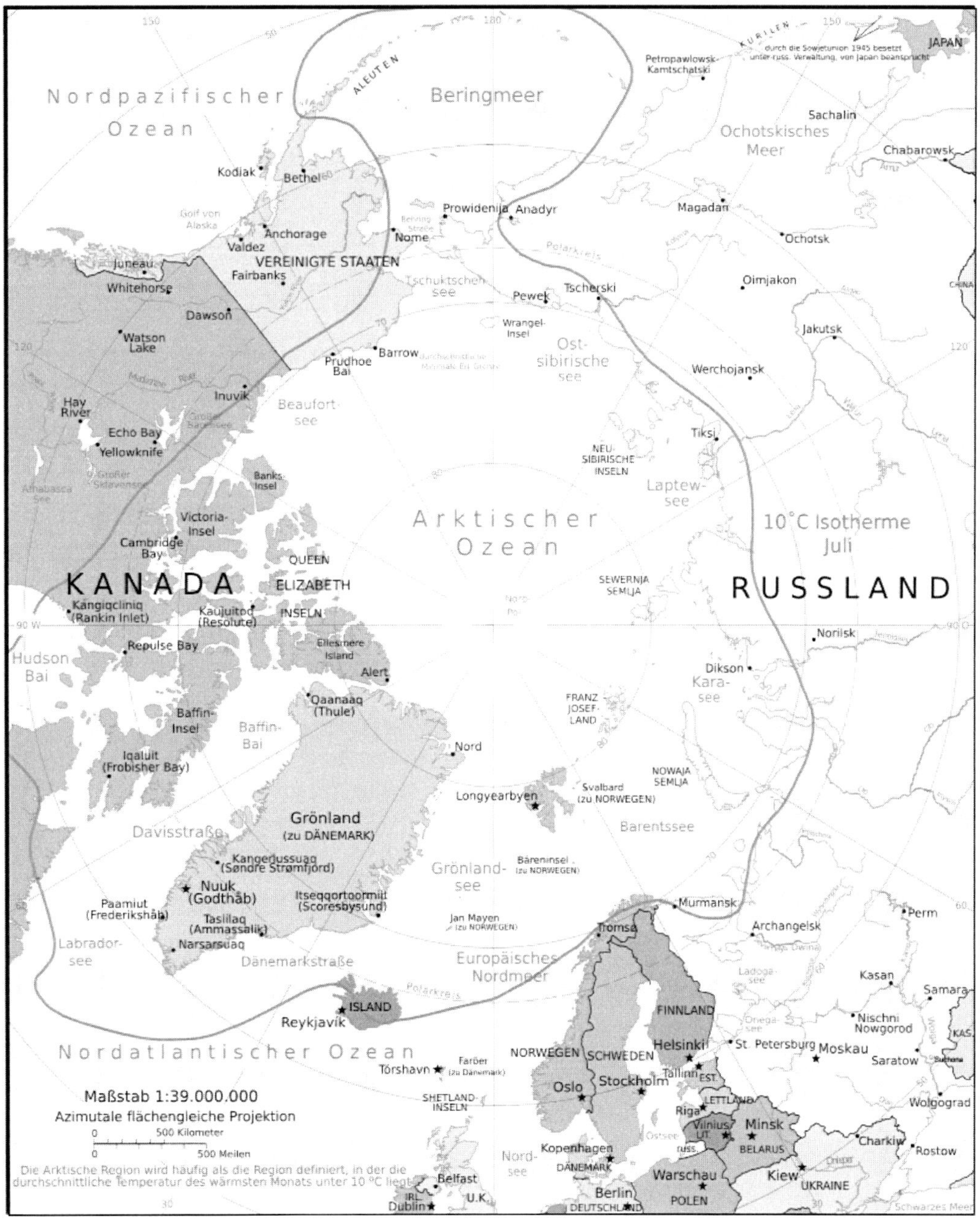

Maßstab 1:39.000.000
Azimutale flächengleiche Projektion
0 500 Kilometer
0 500 Meilen

Die Arktische Region wird häufig als die Region definiert, in der die durchschnittliche Temperatur des wärmsten Monats unter 10 °C liegt.

Lernwerkstatt ARKTIS UND ANTARKTIS
Grundschule – Bestell-Nr. 11 881
KOHL VERLAG

III. Arktis

Geografie der Arktis

Zur **Arktis** gehören die nördlichen Teile Nordamerikas, Asiens und Europas sowie einige Inseln wie Grönland und Island. Die größte Stadt in der Arktis ist Murmansk in Russland.

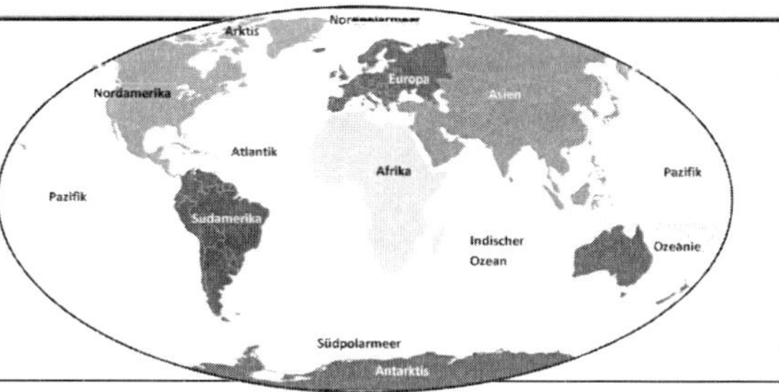

EA

Aufgabe 2: a) *Zu welchem Erdteil gehören die Gebiete? Schau auf eine große Karte und notiere sie in der richtigen Spalte:*

Alaska – Schweden – Russland – Island – Norwegen
Kanada – Finnland – Grönland

  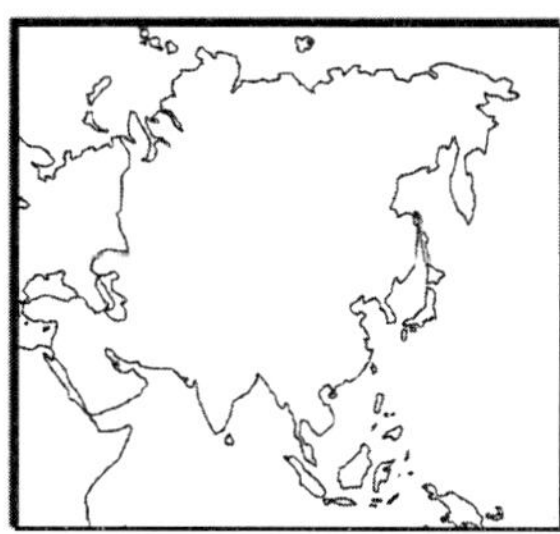 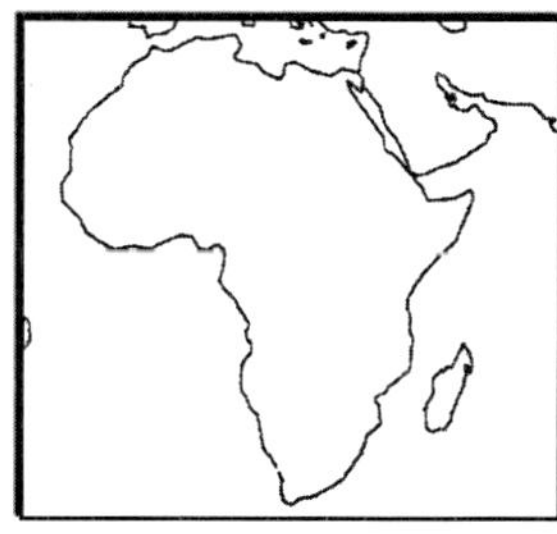

 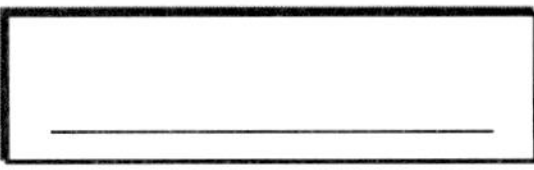 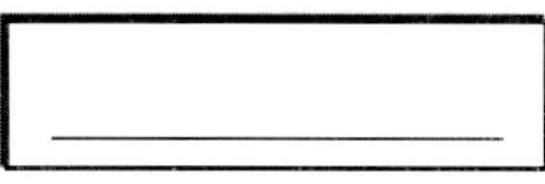 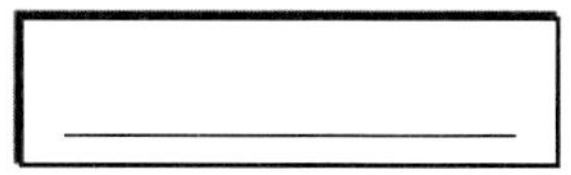

 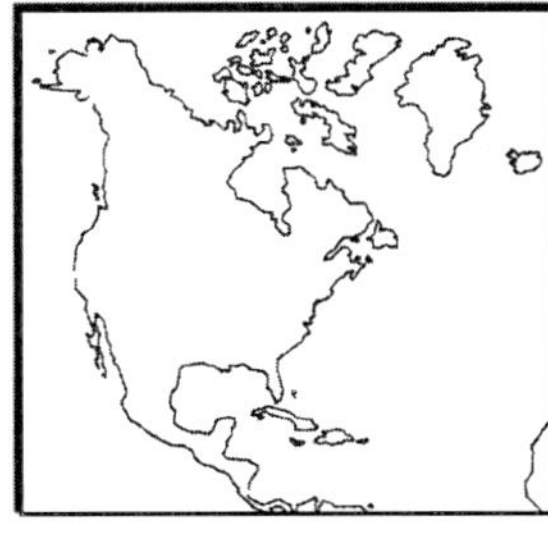

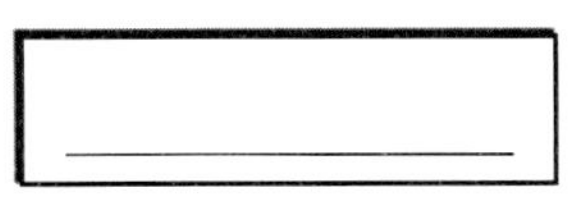 

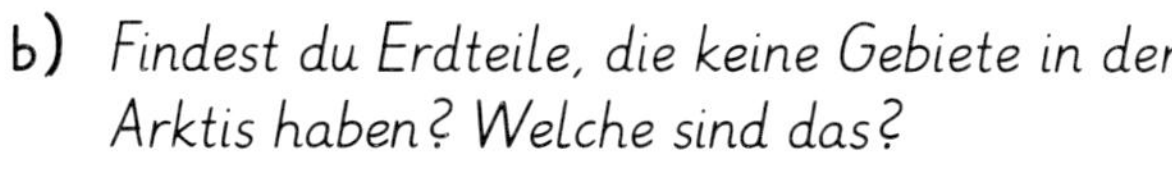

b) *Findest du Erdteile, die keine Gebiete in der Arktis haben? Welche sind das?*

____

____

EA

Aufgabe 3: *Finde im Wortsuchspiel Länder, Inseln und die größte Stadt der Arktis.*

E	R	T	U	K	Ö	P	A	I	S	C	H
R	U	S	S	L	A	N	D	M	C	H	N
M	O	R	E	I	L	B	U	U	H	I	O
A	R	I	S	L	A	N	D	R	W	E	R
B	E	W	F	U	S	E	N	M	E	T	W
D	E	R	T	A	K	A	N	A	D	A	E
G	R	Ö	N	L	A	N	D	N	E	B	G
F	E	S	O	T	K	S	E	S	N	I	E
F	I	N	N	L	A	N	D	K	G	R	N

KOHL VERLAG Lernwerkstatt ARKTIS UND ANTARKTIS Grundschule – Bestell-Nr. 11 881

Menschen in der Arktis – Die Wikinger

Vor über 1.000 Jahren kamen die Wikinger aus Norwegen nach Island und Grönland.

Die Auswanderer fanden an der Küste Land und Wiesen. Dort konnte das mitgebrachte Vieh weiden. Ansonsten war das Land von Felsen und Eis bedeckt. In seinem Inneren hat Grönland eine Eisdecke von 1.000 bis 3.000 m Dicke. Trotzdem leben auch hier Menschen, Tiere und Pflanzen.

So auch früher die Wikinger. Ihre größten Probleme waren sicher die Ernährung und das Heizmaterial. Die mitgebrachten Tiere dienten zur Zucht, die wollten sie nicht schlachten. Auch die pflanzliche Nahrung war knapp. So blieben nur die Jagd und der Fischfang.

Wurde ein Narwal gefangen, konnte sich eine Familie eine lange Zeit ernähren. Das aus dem Fett gewonnene Öl speiste die Lampen und spendete Wärme. Obwohl sich das Leben der Wikinger und Inuit ähnlich abgespielt haben muss, so gab es doch einen wesentlichen Unterschied: Die Inuit nahmen die Natur an und lebten mit ihr, die Wikinger waren dagegen unruhige, immer zum Kampf bereite Menschen.

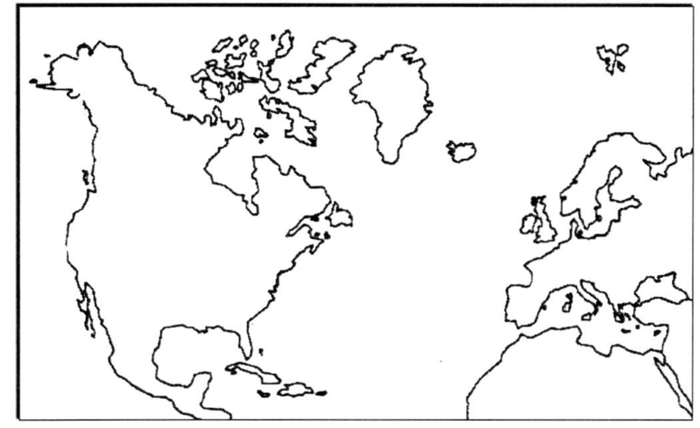

EA

Aufgabe 4: *Male Norwegen rot, Island blau und Grönland grün in der Karte oben an. Zeichne dann die Reise der Wikinger von Norwegen nach Island und Grönland ein.*

EA

Aufgabe 5: *Hier siehst du eine Wikingerfamilie in ihrer Kleidung. Male sie farbig an. Gestalte einen Hintergrund. Wie sah es in Grönland aus?*

Lernwerkstatt ARKTIS UND ANTARKTIS
Grundschule – Bestell-Nr. 11 881
KOHL VERLAG

III. Arktis

Menschen in der Arktis – Die Inuit

Obwohl es in der Arktis unglaublich kalt ist, gibt es Menschen, die dort leben. Früher wurden die Ur-Einwohner Eskimos genannt. Wörtlich übersetzt bedeutet Eskimo „Rohfleisch-Esser" – und weil das nicht so schön klingt, nennt man sie heute Inuit. Inuit bedeutet „Mensch".

Seit etwa 5.000 Jahren besiedeln die Inuit die Arktis. Um dort in Eis und Schnee überleben zu können, haben sie sich den schwierigen Bedingungen angepasst.

Die Inuit bauten Häuser aus Eis: die Iglus. In diesen „Eishäusern" wohnten sie, wenn sie monatelang auf der Robbenjagd unterwegs waren. Um ein Iglu zu bauen, werden Eisblöcke geschnitten und wie Ziegelsteine übereinander geschichtet. Die Ritzen werden anschließend mit Schnee abgedichtet. Anstelle einer Tür wird ein kleiner Eistunnel gebaut, der mit einem Eisblock verschlossen werden kann. In so einem Iglu lässt es sich auch bei der größten Kälte gut aushalten.

Um auf die Jagd zu gehen und sich dabei auf dem Packeis gut fortbewegen zu können, haben die Inuit niedrige, lange Schlitten gebaut, die von Huskys gezogen werden. Huskys sind Hunde, die von Polarwölfen abstammen. Jahrtausende lang waren die Hundeschlitten das einzige Fortbewegungsmittel der Inuit an Land. Im Wasser nutzten sie dann Kajaks zur Jagd oder Umiaks als „Reiseboote".

Heute werden die Hundeschlitten zum größten Teil durch Motorschlitten ersetzt. Iglus werden nur noch selten gebaut. Immer weniger Inuit leben nach den alten Traditionen ihrer Vorfahren.

Das Leben der Inuit hat sich durch die Umweltbedingungen sehr verändert: Durch das wärmere Klima schmilzt das Eis und der Wasserspiegel steigt. Viele der Holzhäuser, in denen die Inuit heute leben, drohen einzustürzen, weil der Boden unter ihnen wegtaut.

Außerdem fischen große Fangschiffe die Meere leer. So gehen die Inuit immer seltener auf die Jagd. Doch dadurch haben sie weniger zu essen und weniger Geld. Sie haben nichts zum Verkaufen oder Tauschen. Stattdessen müssen sie im Supermarkt teure Nahrungsmittel und Kleidung kaufen. Viele Inuit sind deswegen auf Unterstützung angewiesen.

EA

Aufgabe 6:

a) *Erzähle, wie die Inuit ihre Iglus bauen.*

b) *Was nutzten die Inuit auf dem Land zur Fortbewegung?*

c) *Erkläre den Unterschied zwischen Kajak und Umiak.*

d) *Findet Bilder zum Leben der Inuit früher und gestaltet ein Poster.*

KOHL VERLAG Lernwerkstatt ARKTIS UND ANTARKTIS Grundschule – Bestell-Nr. 11 881

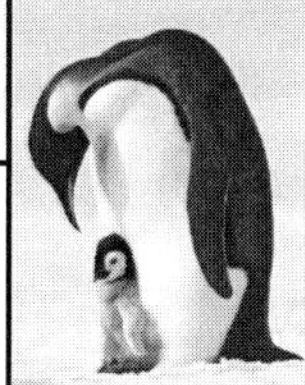

Menschen in der Arktis – Die Samen oder Lappen

Die Samen oder Lappen leben in Schweden, Finnland, Norwegen und Russland. Lappland war und ist kein eigener Staat. Es ist eine Landschaft im Norden Europas, deren Grenzen nicht klar festgelegt sind. Oft sieht man den Nordpolarkreis als Grenze, was nördlich davon liegt, gehört zu Lappland. Das Gebiet ist zwischen den vier Staaten Norwegen, Schweden, Finnland und Russland aufgeteilt.

Die Samen nennen sich selbst Sámi, das bedeutet „Sumpfleute". Die wohl bekannteste Erfindung der Samen sind die Skier, die bereits vor 4.500 Jahren benutzt wurde.

Die herkömmlichen Behausungen der Samen heißen Goahti, auf Deutsch „Kote". Es gibt verschiedene Bauarten. Sie wurden mit Torf, Holz, Birkenrinde oder auch Grassoden gedeckt. Oft wurden mehrere Materialien verwendet.

Die Samen an den Küsten hatten feste Wohnungen. Sie lebten früher von der Robbenjagd.

Die Samen im Landesinneren zogen mit ihren Rentierherden umher. Sie lebten in Koten.

Die meisten Samen arbeiten heute in ganz gewöhnlichen Berufen. Nur wenige arbeiten noch in traditionellen Berufen wie in der Rentierzucht oder als Fischer.

Die Rentiere sind perfekt dem kalten Klima angepasst. Sie haben einen dichten Pelz. Mit ihren großen Hufen können sie gut im Schnee laufen und nach Futter unter dem Schnee graben. Das Rentier liefert u. a. Fleisch, Pelz, Milch und Horn und wurde früher als Zugtier eingesetzt. Heute werden Rentiere gezähmt, um im Tourismus eingesetzt zu werden.

EA

Aufgabe 7:

a) *Was haben die Samen schon vor einigen tausend Jahren erfunden?*

b) *In welchen Ländern leben die Samen?*

c) *Was bedeutet ihr Name in unserer Sprache?*

d) *Wie nennt man ihre traditionellen Behausungen?*

e) *Welche Dinge nutzten die Samen von ihren Rentieren?*

KOHL VERLAG Lernwerkstatt ARKTIS UND ANTARKTIS Grundschule – Bestell-Nr. 11 881

III. Arktis

Einen süßen Iglu bauen

Ihr braucht:

- Zuckerwürfel,
- drei Eiweiß,
- eine Tasse Puderzucker
- evtl. ein wenig blaue Lebensmittelfarbe oder ein wenig Glitzer

So geht es:

- Steine aus Schnee frieren zusammen und halten. Das klappt mit Zuckerwürfeln leider nicht. Also braucht ihr für dieses Iglu eine Art Mörtel oder Kleber: Schlagt die drei Eiweiße mit dem Mixer steif.
- Dann gebt ihr den Puderzucker dazu und verrührt das Ganze zu einer klebrigen Masse. Wenn ihr möchtet, könnt ihr euren Zement noch mit etwas Lebensmittelfarbe hellblau einfärben oder ein wenig Glitzerpulver hinzufügen.
- Bestreicht die Zuckerwürfel an einer Seite mit dem Zement und setzt sie kreisförmig aneinander. Lasst eine kleine Lücke für den Eingang.
- Bestreicht dann die erste Reihe Würfel oben drauf dick mit Zement. Darauf setzt ihr dann die nächste Reihe Würfel.
- Je höher ihr baut, desto mehr setzt ihr die Würfel schräg nach innen. So entsteht die Kuppel.

Experimente mit Eis und Wasser

Wasser kann sich verwandeln. In Flüssen, Meeren und aus dem Wasserhahn kennen wir es flüssig. Wenn man es kocht, verdampft es, es wird zu Luft, zu Gas. Stellen wir eine Schale Wasser ins Tiefkühlfach, friert es und wird zu Eis.

Wir testen aus: Braucht Eis oder Wasser mehr Platz?

Ihr braucht:

- ein hohes Plastikglas oder eine durchsichtige Plastikflasche
- einen schwarzen Filzstift, Wasser

So geht es:

- Markiert den oberen Wasserstand mit dem Filzstift
- stellt das offene Glas (unbedingt offen, sonst könnte das Glas platzen!) ins Gefrierfach.
- Ist das Wasser nach einiger Zeit gefroren, seht ihr, dass das Eis über die Markierung reicht.

Das bedeutet, es hat sich ausgedehnt. Darum bilden sich im Winter auf den Straßen immer wieder Löcher. Wasser dringt in die Ritzen und Spalten des Asphalts ein und gefriert. Durch die Ausdehnung werden ganze Steinbrocken ausgebrochen.

Und wie sieht das mit Schnee aus? Wenn ihr einen Eimer mit Schnee füllt, wird der, wenn es getaut ist, also als Wasser, mehr oder weniger Platz einnehmen? Was tippt ihr?

Erklärung: Zwischen den Schneeflocken befindet sich jede Menge Luft, die beim Tauen des Schnees entweicht. So braucht Wasser weniger Platz als Schnee.

KOHL VERLAG Lernwerkstatt ARKTIS UND ANTARKTIS
Grundschule – Bestell-Nr. 11 881

III. Arktis

Pflanzen der Arktis (Vegetationszonen)

Die Polarwüsten, die Tundra und der nördliche Teil der Taiga (borealer Nadelwald) sind die drei wichtigsten Vegetationszonen der Arktis, von Norden nach Süden gesehen.

Polarwüste

Wenn ihr an Wüste denkt, fallen euch sicher zuerst Begriffe wie Hitze und weite Sandflächen ein. Aber es gibt auch Wüsten, in denen es alles andere als warm ist, wie die Polarwüste. Man nennt sie manchmal auch Eiswüste oder Kältewüste. Meist bleiben die Temperaturen weit unter null Grad Celsius. Im Sommer kann es für kurze Zeit etwas wärmer werden. Aber es fällt sehr wenig Niederschlag und oft wehen eisige Winde. Es gibt nur wenige Tiere, die in den Eiswüsten leben können. Nicht nur die Kälte ist ein Problem. Da die Eisflächen das Wachstum von Pflanzen unmöglich machen, finden viele Tiere, die Pflanzen fressen, keine Nahrung.

Tundra

Die Tundra wird auch Kältesteppe genannt. Die Temperaturen reichen von −30 °C im Winter, der sechs bis zehn Monate dauert, bis zu +10 °C im Sommer. Die oberste Bodenschicht ist deshalb viele Monate lang gefroren. Das nennt man Permafrost. Er taut nur in den Sommermonaten an der Oberfläche ein wenig auf. Da das Schmelzwasser nicht versickern kann, bilden sich häufig weite Sumpf- und Moorflächen. Doch im Sommer wachsen Blumen, Gräser, Beeren, Zwergsträucher, Kräuter, Moose und Flechten. Elche und viele Vögel leben im Sommer hier und ziehen bei Beginn des Winters wieder nach Süden. Doch z. B. Moschusochsen leben das ganz Jahr in der Tundra.

Taiga

Südlich der Tundra liegt das größte geschlossene Waldgebiet der Erde: die Taiga. Die Taiga wird auch borealer Wald genannt. Ihr nördlicher Teil erstreckt sich bis in die Arktis. Die langen Winter können extrem kalt sein. Wasser gibt es genug. Wegen des kurzen Sommers wachsen in der Taiga wenige Pflanzen. Doch man findet viele Tiere: Rehwild, Elche, Bären, Wölfe und Luchse sind hier heimisch. Die Taiga besteht aus Nadelbäumen. Das Gebiet ist für die Holzgewinnung überaus wichtig.

KOHL VERLAG Lernwerkstatt ARKTIS UND ANTARKTIS
Grundschule – Bestell-Nr. 11 881

III. Arktis

Aufgabe 8:

Hier findet ihr einige Tiere, die in den arktischen Zonen leben. Gestaltet nach den Texten auf der vorigen Seite je eine Landschaft (Eiswüste, Tundra, Taiga). Schneidet die Tierbilder aus und klebt sie passend hinein.

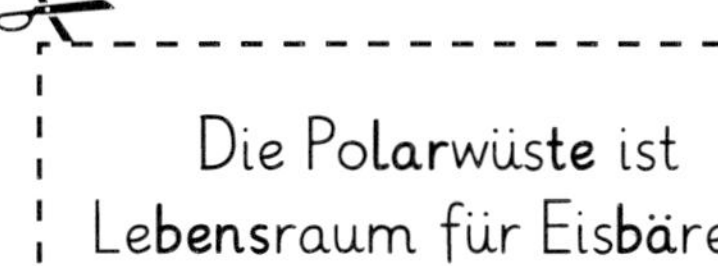

Die Polarwüste ist Lebensraum für Eisbären, Robben, Walrosse und viele Seevögel.

In der Tundra leben Moschusochsen, Polarfüchse, Schneeeulen und Polarwölfe.

In der Taiga leben Elche, Rentiere, Wölfe, Bären, Füchse und Luchse.

1	2	3
4	5	6
7	8	9
10	11	12

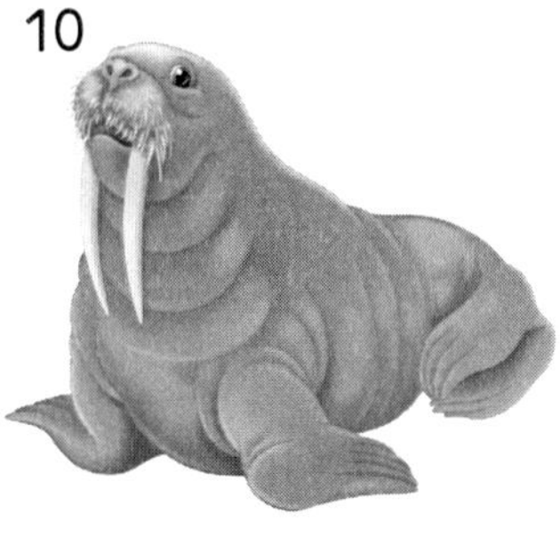

KOHL VERLAG Lernwerkstatt ARKTIS UND ANTARKTIS Grundschule – Bestell-Nr. 11 881

IV. Tiere in der Arktis

Der Eisbär

Das größte Landraubtier der Welt ist der Eisbär. Er lebt als Einzelgänger an Land auf dem Eis, aber auch im Wasser. Er kommt nur in der Arktis vor. Bei einer Körperlänge von 2 bis 2,5 m erreicht der Eisbär eine Schulterhöhe von 1,40 m bis 1,60 m.

Männchen werden bis zu 900 kg, Weibchen bis 400 kg schwer. Er hat ein weißes bis gelbliches Fell, eine dichte Unterwolle sowie eine dicke Fettschicht, sonst könnte er es im kalten Wasser nicht aushalten. Er frisst besonders gerne Robben.

Eine Eisbärmutter zieht ihre Jungen ganz alleine auf. Sie bekommt im Dezember ein oder zwei Junge, die etwa so groß wie Meerschweinchen sind. In einer Schneehöhle sind die Babys am Fell der Mutter gut vor der Kälte geschützt. Nach drei Monaten sind die Jungen etwa so groß wie Schäferhunde und können die ersten Erkundungstouren unternehmen. Von der Mutter lernen die Jungen alles, was sie zum Überleben in der Eiswüste brauchen. Im Winter graben sie sich eine Höhle, in der sie etwa drei Monate schlafen. In der Nähe von Siedlungen ernähren sich die Eisbären auch von Abfall und müssen vertrieben oder umgesiedelt werden. Der einzige Feind des Eisbären ist der Mensch. Seit 1981 sind Eisbären geschützt. Durch die Erderwärmung schmilzt das Eis der Arktis. Eisbären sind bei ihrer Jagd auf Robben jedoch auf das feste Eis angewiesen – im offenen Wasser gelingt es ihnen kaum, Robben zu erbeuten. Je früher im Jahr das Eis bricht, umso weniger Nahrung können die Eisbären zu sich nehmen. So könnten sie verhungern oder in einigen Gebieten aussterben.

EA

Aufgabe 1: *Der kleine Eisbär Paul hat einen dicken Fisch erspäht, den er gerne fangen würde. Doch wie kommt er dorthin?*

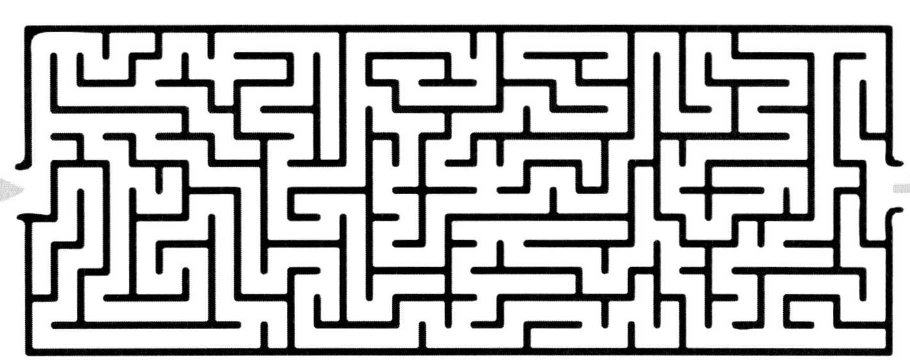

Lernwerkstatt ARKTIS UND ANTARKTIS
Grundschule – Bestell-Nr. 11 881
KOHL VERLAG

EA

Aufgabe 2: *Was berichtet der Eisbär über sein Leben? Schreibe es in die Blasen.*

KOHL VERLAG Lernwerkstatt ARKTIS UND ANTARKTIS Grundschule – Bestell-Nr. 11 881

IV. Tiere in der Arktis

EA

Aufgabe 3: *Hier erfährst du einiges über weitere Landtiere, die in den kalten Zonen leben. Schneide die Bilder unten aus. Klebe sie passend zum Text. Die Größe der Kästchen hilft dir bei der Zuordnung.*

IV. Tiere in der Arktis

Moschusochsen leben vor allem in Nordamerika und Grönland. Sie ernähren sich von Blättern der Bäume, von Gräsern, Kräutern, Flechten und Moosen. Im Winter scharren sie mit ihren Hufen Löcher in Eis und Schnee, um ihre Nahrung zu finden. Moschusochsen können Kälte gut aushalten, aber immer Nässe mögen sie gar nicht. So leben sie in den regenarmen Tundren, in Herden von fünf bis 15 Tieren. Ein männliches Tier wird 2,50 Meter lang, etwa 1,50 Meter hoch und wiegt bis zu 400 kg. Weibchen, genannt Kühe, sind etwas kleiner und leichter.

Karibus sind die nordamerikanischen Verwandten der Rentiere. Sie ließen sich aber nicht zu Haustieren machen! Rentiere leben in allen Ländern rund um den Nordpol. Im Frühjahr und Sommer fressen sie Gräser, Blumen und Blätter. Im Winter erschnuppern sie unter dem Schnee Flechten und graben sie aus. Rentiere sind die einzige Hirschart, die zum Haustier wurde. Zu ihren Wanderungen schließen sich mehrere kleine Gruppen zu einer großen Herde zusammen. Die Tiere erreichen bis zu 1,20 Meter Schulterhöhe. Männchen wiegen gut 210 kg. Weibchen sind etwas kleiner und leichter. Im Gegensatz zu allen anderen Hirschen tragen auch die Weibchen ein Geweih.

Der Polarfuchs ist 50-70 cm lang, dazu kommen noch 30-40 cm Schwanz. Polarfüchse sind tagsüber und nachts aktiv und unternehmen oft weite Wanderungen. Polarfüchse fressen fast alles, am liebsten Kleinsäuger (z. B. Lemminge), aber auch Aas, Eier und Beeren.

Ihr Fell ist im Sommer graubraun, im Winter ganz weiß. Ihr Pelz ist sehr dicht. Daher sind sie als Pelztiere sehr begehrt.

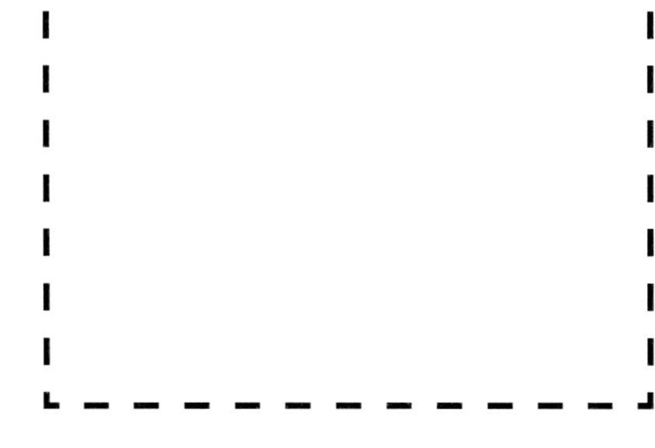

KOHL VERLAG Lernwerkstatt ARKTIS UND ANTARKTIS Grundschule – Bestell-Nr. 11 881

IV. Tiere in der Arktis

Polarwölfe leben auf den kanadischen Arktisinseln und auf Grönland. Sie leben in Rudeln, die aus sieben bis zehn, manchmal bis zu 30 Tieren bestehen. Sie jagen und fressen fast alles, was sie erwischen, von Wühlmäusen, Schneehasen und Lemmingen bis zu Rentieren und Moschusochsen.

Der Luchs macht Jagd auf fast alle Säugetiere und Vögel, z. B. Mäuse, Füchse, Marder und Wildschweine. Die langen Haare an seinen Ohren kann er wie kleine Antennen in alle Richtungen bewegen. Er ist ein Einzelgänger. Der Luchs kann ausgezeichnet sehen und hören. Deshalb sagt man über jemanden, der besonders gut hören und sehen kann: Der hat Augen und Ohren wie ein Luchs.

Der Schneehase lebt in Sibirien und Grönland bis hin nach Nordamerika. Man findet ihn auch in Nordeuropa und in den Alpen. Der Schneehase hat noch 2 enge Verwandte, den Polarhasen und den Alaskahasen. Die Tiere leben in der Tundra. Sie sind meist nachts aktiv und verbringen den Tag in einer Grube im Schnee oder im Erdboden verborgen. Schneehasen leben oft gesellig. Sie fressen Gräser, Kräuter, Zweige und Rinde.

Der Sibirische Lemming lebt in großen Kolonien in der Tundra. Im Herbst wandert er zu Seen und Flüssen. Unter dem Torfmoos baut er schützende Tunnel oder er legt in Pflanzenbüscheln Nester an. Er sucht im Winter unter dem Schnee nach Nahrung. Lemminge bekommen viele Junge. Sie sind beliebte Beute für Polarwölfe und Polarfüchse. Sie werden 12–15 cm lang und wiegen 45–150 Gramm.

IV. Tiere in der Arktis

Der Vielfraß macht seinem Namen alle Ehre, denn er frisst so fast alles, was nicht ganz schnell verschwunden ist. Er ist ein ausdauernder Läufer und kann auch gut klettern und schwimmen. Der Vielfraß lebt in der Tundra und Taiga. Er ist ein Einzelgänger und in der Nacht unterwegs. Tagsüber zieht er sich in sein Nest zurück. Er wird etwa einen Meter lang und wiegt bis zu 20 kg. Sein Speiseplan ist lang: Baumknospen, Beeren, Vogeleier, Schneehühner, Mäuse, Eichhörnchen, sogar junge Elche, Rentiere und Luchse fallen ihm zum Opfer. Und wenn er keine lebenden Tiere findet, macht er sich auch am Aas (tote Tiere) zu schaffen.

Aufgabe 4: *Beantworte die folgenden Fragen. Schreibe in dein Heft.*

a) Wer ist größer, das Rentier oder der Moschusochse?

b) Welcher Unterschied besteht zwischen Rentieren und Karibus?

c) Bei welcher Tierart trägt auch das Weibchen ein Geweih?

d) Wer hat im Winter ein ganz weißes Fell?

e) Leben Polarwölfe allein oder in Rudeln?

f) Wer kann besonders gut sehen und hören?

g) Welche Verwandten hat der Schneehase?

h) Welche Tiere sind beliebte Beute für Polarwölfe und Polarwölfe?

i) Wer frisst alles, was nicht ganz schnell verschwunden ist?

KOHL VERLAG Lernwerkstatt ARKTIS UND ANTARKTIS Grundschule – Bestell-Nr. 11 881

V. Die Meeressäugetiere

Was sind Meeressäugetiere?

Meeressäuger sind Tiere, die vor langer, langer Zeit an Land gelebt haben. Meeressäuger bringen lebende Junge zur Welt und atmen durch die Lungen. Im Laufe der Zeit bildeten sich ihre Vorderbeine zu Flossen um, während die Hinterbeine verschwanden oder zu einer Schwanzflosse wurden. Anstelle eines Fells haben die meisten Meeressäuger eine dicke Fettschicht unter der Haut, wo die Wärme bestens gespeichert wird. Diese Fettschicht nennt man Blubber. Damit sind alle arktischen Säugetiere und auch viele Vogelarten perfekt an die Kälte angepasst.

Zu den Meeressäugetieren gehören Robben (Seehunde, Walrosse ...), Wale (Blauwal, Pottwal, Buckelwal) und Delfine.

EA

Aufgabe 3: *Hier liest du die Unterschiede zwischen Walen und Fischen, leider sind einige Worte verschwunden. Setze sie richtig ein.*

Sauerstoff – Körpertemperatur – Kiemen – Delfine
Wassers – Eier – Wasseroberfläche – säugen – Lungen

- Fische atmen mit ______________, Wale und Delfine hingegen mit ____________, wie wir Menschen auch. Das heißt, sie können ________________ nur aus der Luft, nicht aber aus dem Wasser aufnehmen, wie die Fische. Deshalb kommen Wale und Delfine zum Atmen an die ____________________________. Der Luftvorrat reicht aber teils bis über eine Viertelstunde!

- Während Fische meist ___________ legen, bringen Meeressäugetiere ihre Jungen lebendig zur Welt und ________________ sie in den ersten Lebensmonaten. Daher kommt auch der Name „Säugetiere".

- Wale und _________________ haben eine gleichbleibende Körpertemperatur. Fische hingegen sind „wechselwarm", das heißt, ihre ____________________ hängt von der Temperatur des _________________ ab, wo sie gerade schwimmen.

KOHL VERLAG Lernwerkstatt ARKTIS UND ANTARKTIS Grundschule – Bestell-Nr. 11 881

V. Die Meeressäugetiere

Hundsrobben und Walrosse

Ringel-, Sattel- und Bartrobben kommen im nördlichen Eismeer vor. Sie gehören alle zu den Hundsrobben, das heißt, dass sie keine äußeren Ohren besitzen. Ihre kleinen Ohrlöcher schließen sie beim Tauchen. Im Wasser sind sie schnelle und tüchtige Schwimmer und Taucher, an Land können sie nur mühsam vorwärts „robben". Statt eines dichten Fells haben die Robben eine dicke Fettschicht unter der Haut, die zur Erhaltung der Körperwärme dient. Alle Robben sind Fleischfresser (besser gesagt Fischfresser).

Walrosse sind mit den Robben verwandt. Sie leben in großen Gruppen und sind äußerst gesellig. Bei den Männchen sind die oberen Eckzähne stark verlängert. Man nennt diese Zähne auch Hauer. Sie werden als Waffe verwendet, dienen aber auch als Haken zum Festhalten auf dem Eis. Mit den Hauern können Atemlöcher in dickes Eis gebohrt werden! Die Zähne bestehen aus Elfenbein und sind, wie die Elefantenzähne, eine begehrte Jagdtrophäe. Walrosse leben in den kalten Meeren der Nordhalbkugel.

Das Männchen wird durchschnittlich fast 3 m lang und wiegt so viel wie ein kleines Auto, die Weibchen sind kleiner und leichter. Unter der Haut haben sie eine dicke Fettschicht, die sie vor dem kalten Wasser schützt. Im Wasser sind sie geschickte Schwimmer und Taucher. So finden sie auf dem Meeresboden ihre Nahrung, nämlich Muscheln und Krabben.

EA

Aufgabe 2: *Male die Tiere bunt aus. Findest du ihren richtigen Namen? Schreibe in darunter.*

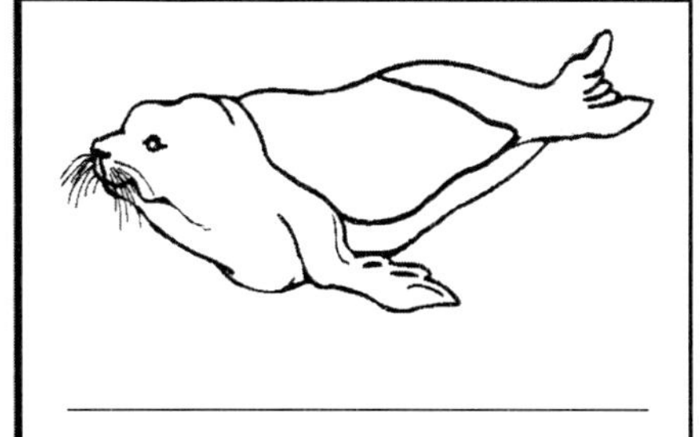

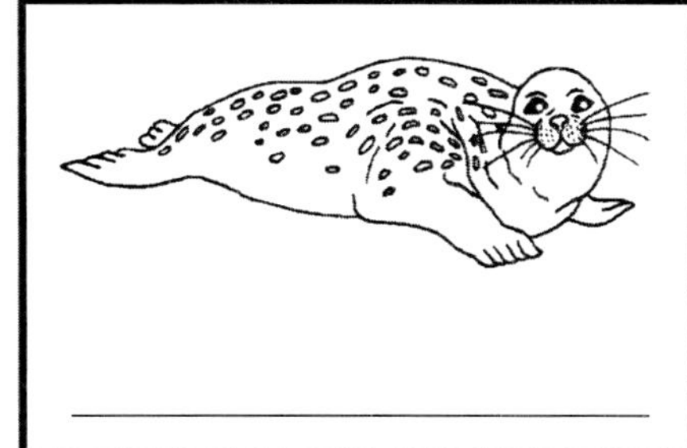

Lernwerkstatt ARKTIS UND ANTARKTIS
Grundschule – Bestell-Nr. 11 881

V. Die Meeressäugetiere

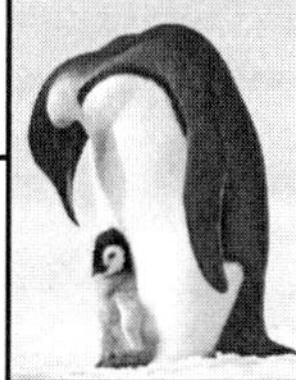

Kleinstlebewesen und Nahrungsketten

In der Arktis leben auch ganz kleine Wesen. Dazu zählen verschiedene Algen, Wasserflöhe und andere Kleinstlebewesen. Sie leben an der Unterseite der Eisschicht und sogar im Eis selbst. Man nennt sie auch Plankton. Diese winzigen Tierchen und Pflanzen sind die Nahrung für verschiedene Krillarten (Kleinkrebse). Einige Wale und Fische ernähren sich von diesem Krill. Die Fische werden von vielen Meeressäugetieren, z. B. den Robben, gefressen. Und die Robben sind schließlich die Lieblingsspeise der Eisbären.

So eine Reihe nennt man Nahrungskette. Sie beschreibt die Reihenfolge, wer oder was von wem gefressen wird.

In den verschiedenen Lebensräumen auf unserer Erde sind Pflanzen und Tiere durch Nahrungsketten miteinander verbunden. Am Anfang einer Nahrungskette stehen Pflanzen. Sie bilden die Nahrung für das Lebewesen, das an der nächsten Stelle steht.

Im Wald z. B. können das die Blätter eines Baumes, ein Käfer, eine Maus und ein Raubvogel sein.

PA

Aufgabe 3: *Findet eine Nahrungskette für uns Menschen. Am Beginn steht eine Pflanze, es folgen ein Pflanzenfresser und der Mensch.*

EA

Aufgabe 4: *Hier siehst du Algen, Fisch, Eisbär, Wasserfloh, Krill und Robben. Wer frisst wen? Schneide die Kärtchen aus und bringe sie in die richtige Reihenfolge.*

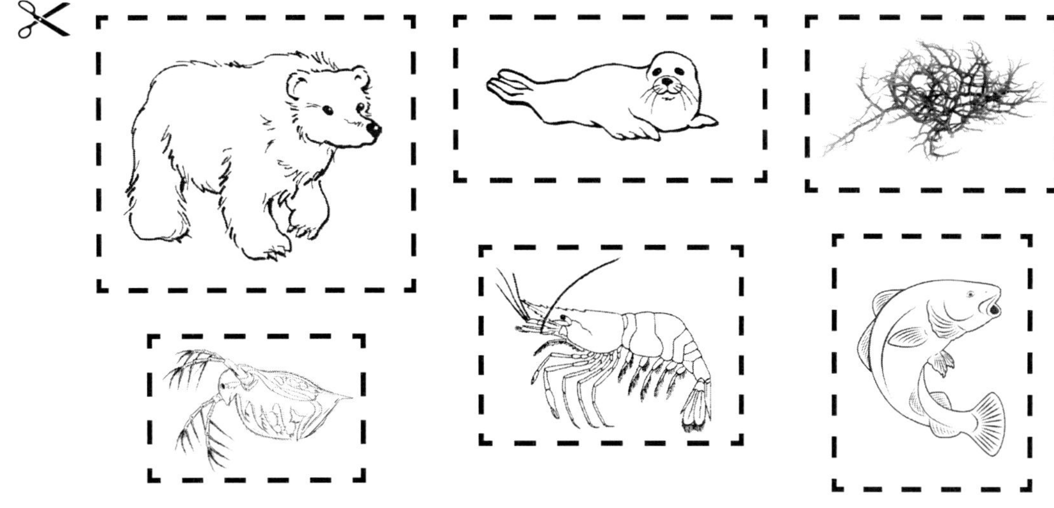

KOHL VERLAG Lernwerkstatt ARKTIS UND ANTARKTIS Grundschule – Bestell-Nr. 11 881

V. Die Meeressäugetiere

Wale – die größten Säugetiere der Welt

Wale leben in allen Weltmeeren von der Arktis (Nordpol) bis zur Antarktis (Südpol). Sie sind an das Leben im Wasser sehr gut angepasst. Sie sehen aus wie Fische, aber sie gehören zu den Säugetieren. Wie alle Säugetiere sind die Wale „gleichwarme Tiere". Das heißt, ihre Körpertemperatur ist warm und verändert sich nicht, auch wenn es in der Umgebung warm oder kalt ist. Sie haben deshalb eine sehr dicke Fettschicht (man nennt sie Blubber) unter der Haut. Sie verhindert, dass die Wale im kalten Wasser auskühlen. Wale müssen regelmäßig zum Atmen an die Wasseroberfläche schwimmen. Dort stoßen sie zuerst die verbrauchte Luft aus. Wenn ein Wal auftaucht, sieht man also eine Wasserfontäne, den sogenannten „Blas". Babywale kommen im Wasser zur Welt. Sie können sofort schwimmen und kommen gleich zur Wasseroberfläche um einzuatmen. Als Säugetiere trinken sie bei der Walmutter Milch.

Die große Schwanzflosse oder Fluke sorgt für den Antrieb beim Schwimmen. Sie ist flach, während die Schwanzflosse der Fische hoch steht. Mit den Vorderflossen (Flippern) steuern die Wale. Die Rückenflosse wird Finne genannt.

EA

Aufgabe 5: *Beschrifte die Teile des Wals richtig: Finne, Fluke, Flipper. Zeichne auch den „Blas" ein.*

Lernwerkstatt ARKTIS UND ANTARKTIS
Grundschule – Bestell-Nr. 11 881
KOHL VERLAG

V. Die Meeressäugetiere

Es gibt 2 Gruppen von Walen: Die Zahnwale und die Bartenwale

Zahnwale haben spitze Zähne und fangen Fische, Robben und Pinguine. Zu ihnen gehören die Delfine, die Beluga- oder Weißwale sowie der Schwertwal oder Orka, auch Killerwal genannt. Auch die großen Pottwale sind Zahnwale.

Der Schwertwal ist schwarz-weiß und hat eine lange Rückenflosse.

Der Narwal lebt am nördlichsten und besitzt einen langen Stoßzahn.

Der Pottwal ist der größte Zahnwal und hat einen kastenförmigen Kopf.

Belugas oder Weißwale sind wirklich weiß und können gut singen.

Bartenwale sind die riesigen Wale, wie z. B. der Blauwal, der Finnwal, der Buckelwal oder der Grönlandwal. Die Bartenwale haben statt der Zähne lange, brettartige, flache Platten, die aus Horn bestehen (wie unsere Fingernägel). Diese sogenannten Barten stehen eng beieinander und bilden ein Sieb. Damit filtern die Wale ihre Nahrung aus dem Wasser. Krillkrebse und Flügelschnecken bleiben zwischen den Barten hängen und werden anschließend gefressen. Dieses Futter kommt nur in den Sommermonaten in großer Zahl im Polarmeer vor. Deshalb ziehen die Bartenwale im Winter in andere Gegenden.

Der Buckelwal hat bis zu 5 Meter lange Brustflossen.

Grönlandwale haben keine Rückenflosse und verlassen das arktische Meer niemals.

Der Finnwal ist das zweitgrößte Tier unserer Erde.

Der Blauwal ist das größte Tier der Welt.

V. Die Meeressäugetiere

Aufgabe 6: *Setze passend in das Gitter ein:*

a) Wir unterscheiden zwei Arten von Walen, die Z …
b) und die B …
c) Das größte Tier der Welt ist der …
d) Dieser Wal hat besonders lange Brustflossen.
e) Er besitzt eine langen Stoßzahn.
f) Dieser Wal ist das zweitgrößte Tier unserer Erde.
g) Er hat einen kastenförmigen Kopf.
h) Dieser Wal ist schwarz-weiß und hat eine ganz lange Rückenflosse.
i) Dieser Wal ist weiß und kann gut singen.
j) Er hat keine Rückenflosse und lebt nur im arktischen Meer.

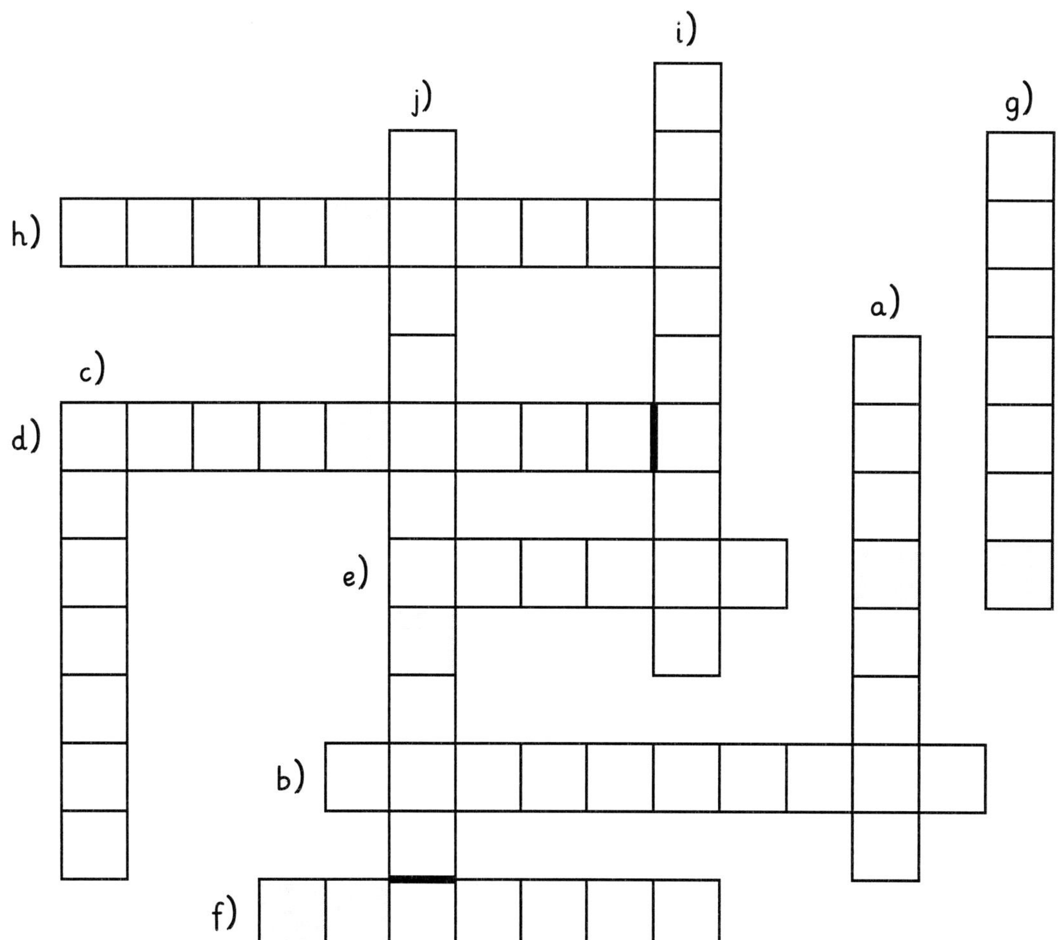

Die Buchstaben in den dunklen Kästchen nennen eine weitere Walfamilie, die an den Polen aber nicht so oft vorkommt: ______________________

Lernwerkstatt ARKTIS UND ANTARKTIS Grundschule – Bestell-Nr. 11 881
KOHL VERLAG

V. Die Meeressäugetiere

<u>Aufgabe 7</u>: *Auf jedem Iglu steht ein Satz. Ist er richtig oder falsch? Die Buchstaben der richtigen „Iglus" nennen dir ein Lösungswort. Es ist ein großes Tier, was am südlichen Rand der Arktis lebt.*

Eisbären haben ein schwarzes Fell.

R

Die Eskimos nennt man heute Inuit.

E

Walrosse haben lange Zähne aus Elfenbein.

H

Alle Inuit leben heute noch in Iglus.

S

Auch Grönland gehört zur Antarktis.

I

Eisbären sind große Raubtiere.

L

In der Arktis leben Rentiere und Karibus.

C

Die Samen oder Lappen essen gerne Pinguine.

A

Iglus sind alte Steinhäuser.

T

Lösung: ____________________

Lernwerkstatt ARKTIS UND ANTARKTIS
Grundschule – Bestell-Nr. 11 881

V. Die Meeressäugetiere

Aufgabe 8: *Löse das Sudoku zur Arktis.*

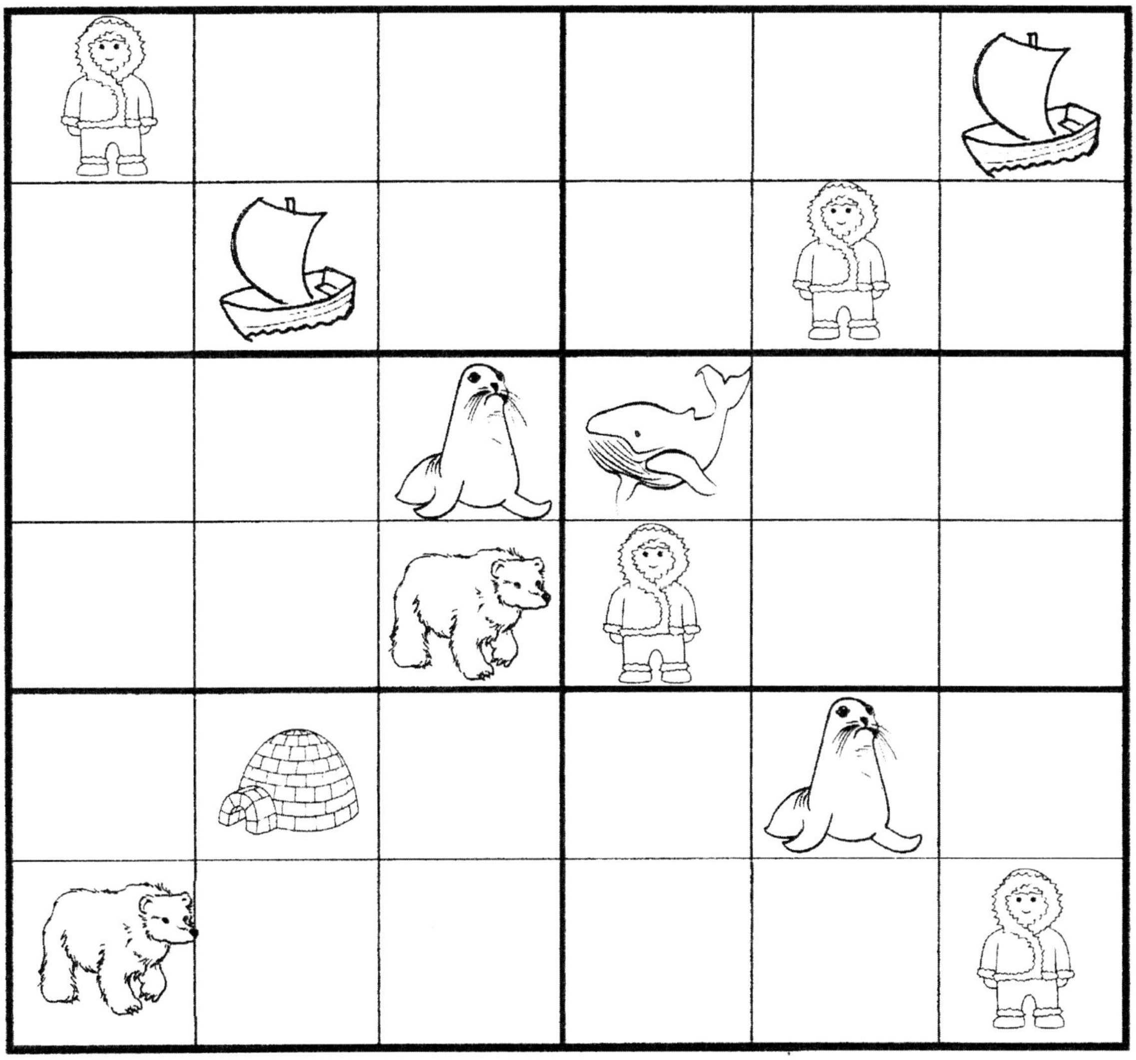

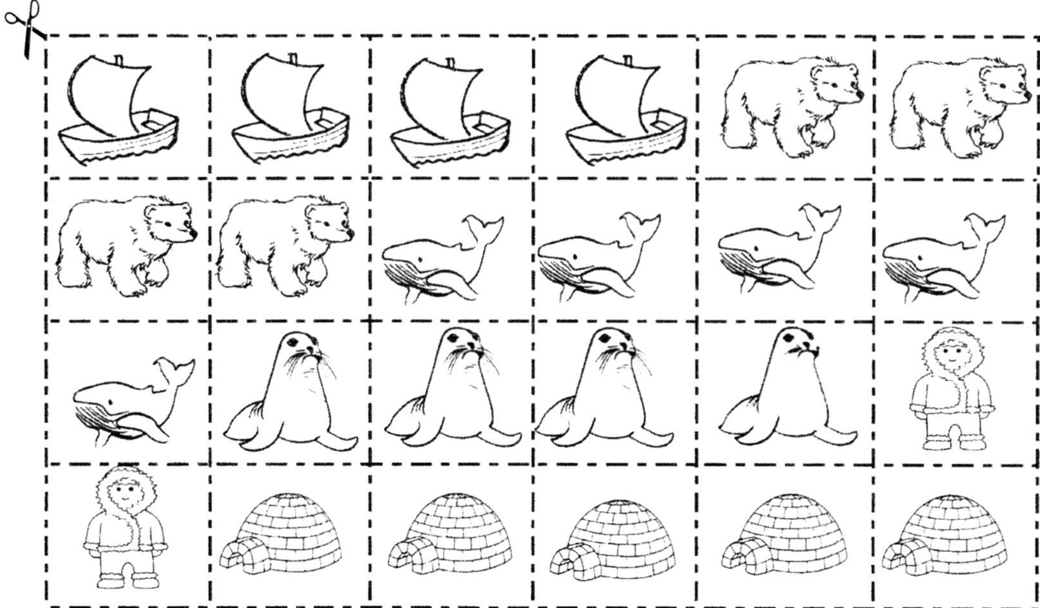

VI. Antarktis

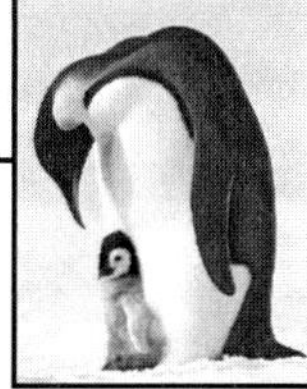

Antarktis – ein Überblick

In der Antarktis gibt es keine Ureinwohner und auch keine Menschen, die dort dauernd zu Hause sind. Die Menschen, die dort leben, arbeiten auf den vielen verschiedenen Forschungsstationen. Die Antarktis ist der kälteste Kontinent unserer Erde. Unter einer hunderte Meter dicken Eisdecke begraben, ist es am Südpol noch kälter als am Nordpol. Die Antarktis ist aber nicht nur der kälteste Kontinent, sondern auch der windigste und trockenste Erdteil. Umso erstaunlicher, dass es auch auf ihm Leben gibt!

PA

Aufgabe 1:

a) *Schaut auf die Karte: Welche Kontinente (Erdteile) liegen um die Antarktis?*

1. ______________________
2. ______________________
3. ______________________

b) *Welche Ozeane umgeben die Antarktis?*

1. ______________________
2. ______________________
3. ______________________
4. ______________________

Port Elizabeth
SÜDAFRIKA
ATLANTISCHER OZEAN
Bouvetinsel
Prinz-Edward-Inseln
Südgeorgien und die Südlichen Sandwichinseln
Crozetinseln
SÜDPOLARMEER
Falklandinseln
Südliche Orkneyinseln
Südliche Shetland-inseln
Königin-Maud-Land
Kerguelen
Weddell-Meer
Filchner-Ronne-Schelfeis
SÜDAMERIKA
Graham-land
Amery-Schelfeis
Heard- und McDonald-Inseln
Peter-I.-Insel
× Südpol
Marie-Byrd-Land
Ross-Schelfeis
Wilkesland
Amundsen-see
INDISCHER OZEAN
Ross-meer
Victoria-land
Scott-Insel
Balleny-Inseln
PAZIFISCHER OZEAN
Macquarieinsel
Campbell-Insel
Auckland-Inseln
NEUSEELAND
Snaresinseln
Adelaide
Melbourne
AUSTRALIEN
Chatham-Inseln
Christchurch
Sydney
Wellington
0 400 800 km

Lernwerkstatt ARKTIS UND ANTARKTIS
Grundschule – Bestell-Nr. 11 881
KOHL VERLAG

VI. Antarktis

Tiere in der Antarktis

Die meisten Pflanzen und Tiere trifft man nicht an Land, sondern im eisigen Meer der Antarktis an. Wie kommt das? Das kalte Polarmeer ist reich an Sauerstoff. Die warmen Meeresströmungen, die zum Südpol hinfließen, enthalten viele Mineralstoffe. Diese Mischung aus Sauerstoff und Mineralstoffen bildet die Nahrung für winzig kleine Pflanzen und Tiere, die man Plankton nennt. Das Plankton wiederum ergibt die Nahrung für die Bewohner der Eismeere. So ernähren sich viele Fischarten davon. Die Fische werden dann am Ende der Nahrungskette von den großen Meeressäugern – wie Robben, Walen und Delfinen – verspeist.

Pinguine

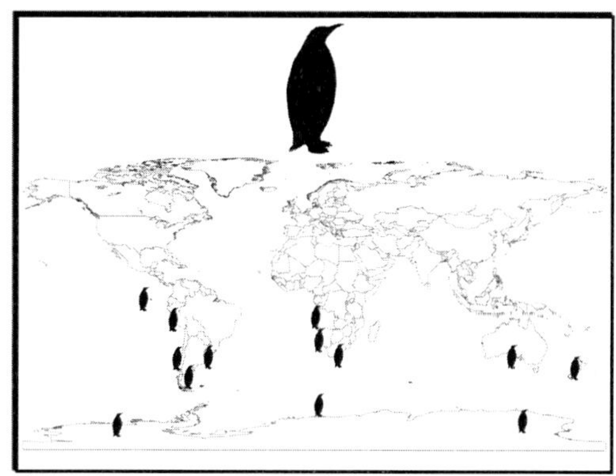

Pinguine leben nicht nur am Südpol, sie sind in allen Meeren der Südhalbkugel zu finden. Es gibt heute 17 verschiedene Pinguinarten. Auf dem antarktischen Festland brüten nur zwei davon: der kleine Adéliepinguin und der große Kaiserpinguin. Andere wie der Esels- und Königspinguin mögen es dagegen weniger frostig. Ihre Brutplätze liegen auf den Inseln des Südpolarmeers. Fliegen können Pinguine nicht, aber dafür ganz prima tauchen, schwimmen, auf dem Bauch rutschen und wandern. Pinguine fressen Fische und Krill. Während sich Pinguine in den Meeren vor gefräßigen Seeleoparden und Schwertwalen in Acht nehmen müssen, haben sie an Land so gut wie keine natürlichen Feinde. Doch Klimaveränderung, Tourismus, Forschungsstationen, Überfischung und Meeresverschmutzung durch Öl bedrohen heute die Tiere.

EA

Aufgabe 2: *In diesem Buchstabensalat sind acht Pinguinwörter versteckt. Markiere sie und notiere sie in deinem Heft. Kannst du mit jedem einen Satz bilden?*

K	A	N	T	A	R	K	T	I	S	E	R	Ö
U	F	E	A	T	W	A	N	D	E	R	N	L
E	I	S	U	S	Z	L	F	E	R	N	R	A
K	S	Ü	C	R	U	T	S	C	H	E	N	D
E	C	D	H	S	C	H	W	I	M	M	E	N
N	H	P	E	G	F	E	I	N	D	E	L	O
W	E	O	N	R	E	I	S	B	E	R	G	E
B	K	L	S	E	E	L	E	O	P	A	R	D

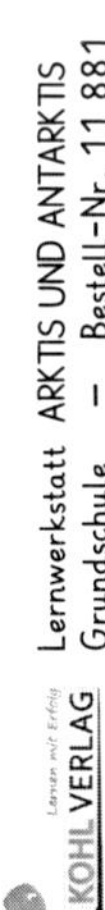

VI. Antarktis

EA

Aufgabe 3: *Schneide Kärtchen und Bilder aus und klebe sie passend auf ein Blatt.*

A. Kaiserpinguin

Größe: über 100 cm
Gewicht: ca. 30 – 50 kg
Alter: bis zu 20 Jahre
Verbreitungsgebiet: Auf und um den Antarktischen Kontinent
Aussehen: Der Kaiserpinguin ist der größte aller Pinguine. Er hat eine schwach-orange Färbung auf dem Hals.

B. Königspinguin

Größe: über 80 – 100 cm
Gewicht: ca. 10 – 20 kg
Alter: ca. 10 Jahre
Verbreitungsgebiet: Antarktis und antarktische Inseln
Aussehen: Er ist der zweitgrößte Vertreter der Pinguine und hat im Vergleich zum Kaiserpinguin eine farbigere Zeichnung des Kopfes.

C. Adéliepinguin

Größe: über 55 cm
Gewicht: ca. 4 – 5 kg
Alter: ca. 10 Jahre
Verbreitungsgebiet: Küsten der antarktischen und der umliegenden Inseln.
Aussehen: Der Adéliepinguin hat einen schwarzen Kopf, weiße Ringe um die Augen und einen schwarzen Schnabel.

D. Eselspinguin

Größe: ca. 58 cm
Gewicht: ca. 5 – 7 kg
Alter: bis zu 18 Jahre
Verbreitungsgebiet: Antarktische Halbinsel, umliegende Inseln
Aussehen: Auf dem Kopf hat er einen weißen Streifen und sein Schnabel ist leuchtend orange, genau wie seine Füße.

Lernwerkstatt ARKTIS UND ANTARKTIS
Grundschule – Bestell-Nr. 11 881

VI. Antarktis

Pinguineltern

Pinguineltern teilen sich die Pflege ihres Nachwuchses. Wenn die Mamas zu den Futterplätzen wandern, passen die Papas auf den Nachwuchs auf.

Kaiserpinguin-Weibchen legen das Ei. Das Männchen hebt es dann mit Hilfe des Schnabels auf seine Füße, wo er es in der Bauchfalte ausbrütet. So müssen die Kaiserpinguine kein Nest bauen. Das wäre auch schwierig, denn wo diese Vögel leben, gibt es kein Nistmaterial. Adélie- und Eselspinguine bauen ihre Nester aus kleinen Steinchen.

Nach der Eiübergabe verlassen die Weibchen die Brutkolonie, um Nahrung zu suchen. Dazu müssen sie teilweise viele Kilometer bis zum offenen Meer wandern, weil das Meer im Winter zufriert. Doch wenn zwei Monate später das Küken schlüpft, sind die Weibchen rechtzeitig mit der ersten Mahlzeit für das Kleine zur Stelle. Die Männchen hingegen verlassen nun die Brutkolonie, um Futter zu holen und sich satt zu fressen.

Bis das Junge selbstständig ist, wird es weiter in der Bauchfalte befördert. Pinguine ziehen ihre Jungen in großen Gruppen, sogenannten Kolonien, auf. Eine Kolonie kann aus mehreren tausend Pinguinen bestehen. Auch Königspinguine ziehen ihre Jungen in der Bauchfalte auf.

EA

Aufgabe 4: *Berichte mit deinen Worten, wie Kaiser- und Königspinguine ihren Nachwuchs aufziehen.*

EA

Aufgabe 5:

Diese Sätze sind total durcheinander geraten. Schreibe sie richtig in dein Heft.

a) *Pinguine – auf der Südhalbkugel – leben – unserer Erde*
b) *nicht – Pinguine – können – fliegen*
c) *hüpfen, laufen – Pinguine – rutschen – oder*
d) *nach Nahrung – im Meer – Pinguine – suchen*
e) *Fische, Krebstiere – fressen – Pinguine – Tintenfische – und*
f) *aus Steinchen – ihre Nester – bauen – Eselspinguine*
g) *eine dicke Fettschicht – unter ihrer Haut – Pinguine – haben*
h) *prima – sind – Taucher und Schwimmer – Pinguine*

KOHL VERLAG Lernwerkstatt ARKTIS UND ANTARKTIS
Grundschule – Bestell-Nr. 11 881

VI. Antarktis

Spiel: Pinguine füttern

Ihr braucht:

- die Spielvorlage – am besten doppelt so groß auf Pappe kopiert und laminiert (siehe auch Seite 4)
- 1 Tüte Goldfischcracker
- Würfel und Spielfiguren, eine Schale

So geht es:

- Jeder bekommt 12 Goldfische.
- Es wird abwechselnd gewürfelt, der Jüngste beginnt.
- Wer auf ein Pinguin-Feld kommt, muss einen Fisch in die Schale legen.
- Wer das Ziel erreicht und noch die meisten Fische übrig hat, hat gewonnen und darf seine Fische aufessen.

EA

Aufgabe 6: *Schau genau hin. Im rechten Bild findest du 10 Unterschiede.*

EA

Aufgabe 7: *Nach dieser Anleitung könnt ihr eine Pinguinkolonie basteln. Am besten sieht das aus, wenn ihr Papier oder dünne Pappe nehmt, die von einer Seite weiß und von der anderen schwarz ist. Natürlich könnt ihr auch einen Bogen schwarz und einen Bogen weiß aufeinander kleben.*

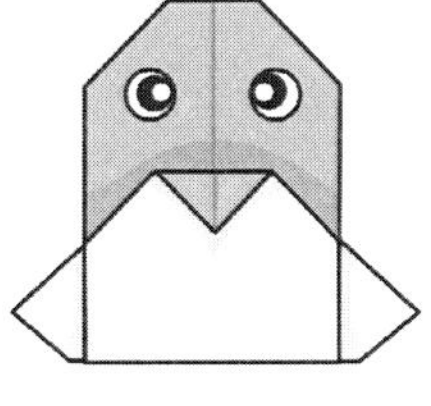

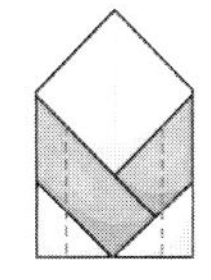
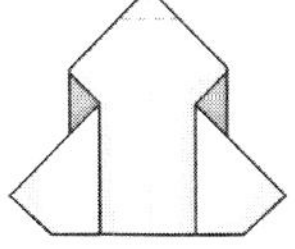
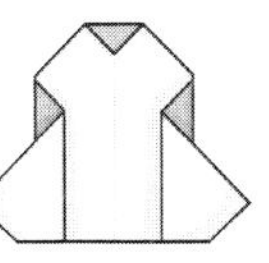
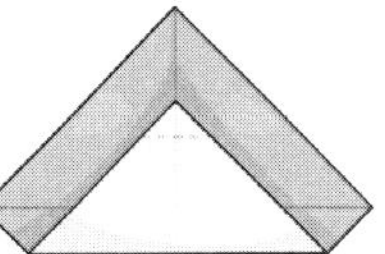
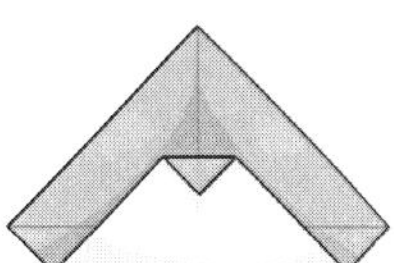
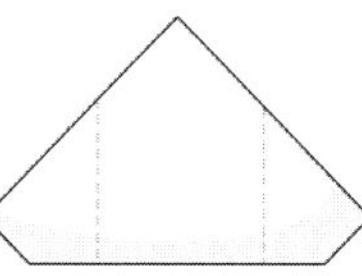

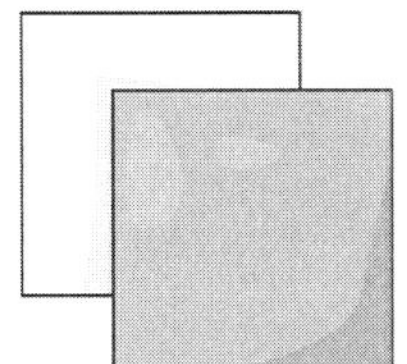
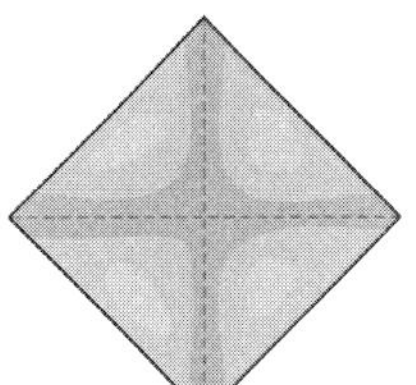
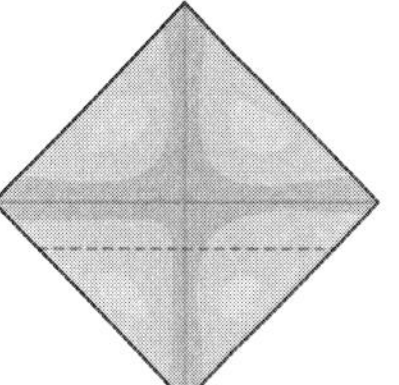

VI. Antarktis

Raubtiere der Antarktis – Seeleopard und Schwertwal

Der Seeleopard verfolgt oft Robben und Pinguine. Manche Seeleoparden haben sich dabei auf die Robbenjagd spezialisiert, während andere lieber Pinguine jagen. Die Beutetiere werden im Wasser gepackt und getötet. Der Seeleopard lauert den Pinguinen meist im flachen Küstenwasser auf, dort werden Pinguine leicht zum Opfer. Das wissen die Pinguine aber, und so gehen sie nach Möglichkeit als große Gruppe ins Wasser. Bei der Rückkehr an Land schwimmen sie sehr schnell, um dann aus dem Wasser zu springen. Seeleoparden fressen aber auch Fische. Ein männlicher Seeleopard ist etwa drei Meter lang, Weibchen können nahezu vier Meter lang werden. Das Gewicht eines Männchens liegt bei 270 kg, das eines Weibchens bei fast 400 kg.

Der Schwertwal, auch Killerwal oder Orka genannt, lebt in großen Gruppen und folgt gemeinsam seiner Beute, den Robben. Das Walbaby bleibt mehrere Jahre lang bei seiner Mutter, wird gesäugt und lernt zu jagen. Auch nachdem es ausgewachsen ist, bleibt es in der Gruppe, wo es geboren wurde. Schwertwale erbeuten Fische, Robben und gelegentlich andere Wale. Die fast 2 m hohe Rückenflosse der Männchen gab den Tieren den Namen „Schwertwal". Sie gehören zur Familie der Delfine und sind die größten unter ihnen.

EA

Aufgabe 8: *Finde die richtigen Wörter im Text oben und setze sie ein:*

Die Raubtiere der Antarktis sind der See_______________ und der Sch_______________. Seeleoparden fressen besonders gerne R_______________ und P_______________, aber sie mögen auch F_______________. Der Schwertwal heißt auch K_______________ oder O_______________. Seinen Namen erhielt er durch seine lange _______________. Die Wale leben in großen G_______________, die man auch Kolonien oder Schulen nennt.

KOHL VERLAG Lernen mit Erfolg
Lernwerkstatt ARKTIS UND ANTARKTIS
Grundschule – Bestell-Nr. 11 881

VI. Antarktis

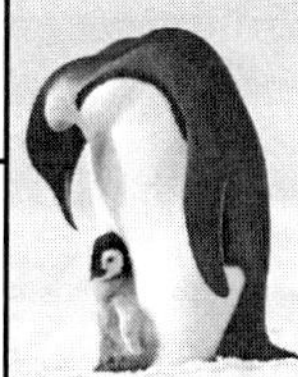

Eisbrecher, Forschungs- und Versorgungsschiff – die „Polarstern"

In den Polargebieten ist oft das gesamte Meer zugefroren. Dann gibt es für die meisten Schiffe kein Durchkommen mehr. Nur Eisbrecher mit gepanzerten Außenwänden und starken Motoren können sich einen Weg durch das Polarmeer bahnen. Das deutsche Schiff „Polarstern" ist ein solcher Eisbrecher. Vorne am Bug hat es eine besonders spitze Stahlkante, mit der die Eisdecke auseinander gebrochen wird. Wenn die Eisschicht besonders dick ist, muss sich das Schiff einen Weg durch das Eis bahnen, indem es immer wieder vor- und zurückfährt.

Ein bis zwei Mal im Jahr startet die Polarstern in Richtung Eismeer. Das Schiff ist nicht nur Eisbrecher, sondern versorgt auch die Neumayer-Forschungsstation in der Antarktis mit Treibstoff, nötigen Geräten und natürlich jeder Menge Lebensmitteln.

Weil in der Kälte der Antarktis die Abfälle überhaupt nicht verrotten würden, nimmt sie auf dem Rückweg auch gleich den ganzen Müll mit. An Bord gibt es riesige Lager, eine große Küche, eine Wäscherei, Schlaf- und Aufenthaltsräume, einen Krankenbereich und eine Apotheke. Daneben sind die Arbeitsräume, die Labore, wichtig, damit die Wissenschaftler an Bord gleich Tiere und Wasserproben untersuchen können.

Aufgabe 9:

Berichtet, was die Leute auf dem Schiff Polarstern alles erledigen müssen. Macht euch Notizen, findet Fotos und erstellt einen Bericht. Dabei könnt ihr in kleinen Gruppen ein Thema bearbeiten.

Stichpunkte und Themen:

KOHL VERLAG Lernwerkstatt ARKTIS UND ANTARKTIS Grundschule – Bestell-Nr. 11 881

Probleme der Polarzonen

Die Arktis

Bestimmt habt ihr schon von der Erderwärmung und dem Klimawandel gehört. Die steigenden Temperaturen sind auf den Menschen zurückzuführen. Immer mehr Treibhausgase, die z. B. beim Autofahren, Fliegen und in Fabriken frei werden, beeinflussen unser Klima.

Davon ist die Tierwelt stark betroffen. Kleine Tiere, die an der Unterseite des Eises leben, verlieren ihren Lebensraum. Fische, die sich von ihnen ernährt haben, müssen verhungern. Wale und Robben, die Fische fressen, haben nun ebenfalls nichts mehr zu fressen. So wird die ganze Nahrungskette gestört. Eisbären sind bei ihrer Jagd auf Robben auf das feste Eis angewiesen. Im offenen Wasser gelingt es ihnen kaum, Robben zu erbeuten. Wenn die nächste Eisscholle zu weit entfernt ist, können sie sogar ertrinken.

Je weniger Eis das Meer bedeckt, desto mehr Schiffe werden hier fahren. Gewässer, die Wale bisher ungestört bewohnen konnten, werden lauter werden. Auch Zusammenstöße zwischen Schiffen und Walen nehmen vermutlich zu. Schiffslärm, Müll und Schiffsabgase sind eine weitere Bedrohung für die Tiere der Arktis.

Auch das herkömmliche Leben der Inuit wird gestört. Die Lagerung von Nahrungsmitteln und das Verarbeiten von Häuten und Fellen sind bei höheren Temperaturen nicht mehr möglich. Wege übers Eis sind nicht mehr sicher, und viele Häuser fallen zusammen, weil der Boden nicht mehr gefroren ist.

Die Arktis ist reich an Bodenschätzen. Erdöl wird von Alaska in die USA geleitet, weitere Vorkommen sollen gesucht und erschlossen werden. Die Förderung bringt eine starke Umweltverschmutzung mit sich.

Zum Schutz der Umwelt und der Ureinwohner in der Arktis wurde 1996 der „Arktische Rat" gegründet. Dem arktischen Rat gehören 8 Staaten an. Alle Entscheidungen im Arktischen Rat können nur durch die acht Mitgliedsstaaten getroffen werden.

Aufgabe 10: *Erklärt und beschreibt mit euren Worten die Probleme der Arktis. Nennt 5 Punkte.*

1.	
2.	
3.	
4.	
5.	

KOHL VERLAG Lernwerkstatt ARKTIS UND ANTARKTIS
Grundschule – Bestell-Nr. 11 881

Probleme der Polarzonen

Bedrohung der Antarktis

Wie die Arktis ist auch die Antarktis bedroht. Auch hier wollte (und will?) der Mensch nur seinen Nutzen haben. Robben, Wale und Pinguine wurden vor allem in der Vergangenheit rücksichtslos getötet. Auch auf die Rohstoffe der Antarktis hatte man es abgesehen. Heute können viele Meeressäuger und Pinguine wieder weitgehend in Ruhe leben.

In Gefahr ist das Gebiet um den Südpol aber dennoch. Über der Antarktis erstreckt sich ein riesiges Ozonloch. Forscher befürchten, dass der Krill durch die hohe Sonnenstrahlung (UV-Licht) Schaden nimmt. Krill ist für viele Tiere in der Antarktis aber die Hauptnahrung. Auch hier schmilzt das Eis immer schneller. Dadurch brechen größere Eisberge ab und stürzen ins Meer. Dazu gibt es unter der Eisschicht riesige Vorkommen von Erdöl und Erdgas – begehrte Rohstoffe. Wann werden die Menschen mit der Nutzung beginnen?

Seit sich der Fischfang in den nördlichen Gebieten für große Fangflotten weniger lohnt, erscheinen die Schiffe in den Antarktischen Meeren und fischen hier. So könnten einige Fischarten ganz verschwinden. Und noch ein Problem: Selbst in der Antarktis sind immer mehr Touristen unterwegs. Die Tiere werden durch Schiffe und Fluglärm gestört, und der Müllberg wächst.

Antarktisvertrag

Der Antarktisvertrag erklärt, dass die Antarktis nur friedlicher Nutzung, besonders der wissenschaftlichen Forschung, dienen soll. Der Vertrag wurde von zwölf Staaten beraten und trat 1961 in Kraft. 1991 wurde er um weitere 50 Jahre verlängert.

Aufgabe 11: *Listet auch hier 5 Punkte auf, die Probleme der Antarktis beschreiben. Diskutiert über Lösungsmöglichkeiten.*

1.	
2.	
3.	
4.	
5.	

KOHL VERLAG Lernwerkstatt ARKTIS UND ANTARKTIS Grundschule – Bestell-Nr. 11 881

VII. Das große Quiz zu Nord- und Südpol

EA

Aufgabe 1: *Setze passend in das Gitter ein:*

1. Tiere, die in der Arktis leben, sind der E…
2. und das W…
3. und das Karibu oder …
4. Die Arktis liegt rund um den …
5. Den Nordpol entdeckte der Amerikaner Robert Edwin …
6. den Südpol entdeckte der Norweger Roald …
7. Typische Tiere, die um den Südpol leben, sind die …
8. Ein eigener Kontinent ist die …
9. In der Arktis leben die …
10. In der Antarktis haben viele Länder eine …
11. Auf dem Kontinent Antarktis liegt der …
12. Schiffe, die durch dickes Eis fahren können, nennt man …
13. In den Polargebieten leben viele riesige Meeressäugetiere, die …

KOHL VERLAG
Lernwerkstatt ARKTIS UND ANTARKTIS
Grundschule – Bestell-Nr. 11 881

VII. Das große Quiz zu Nord- und Südpol

EA

<u>Aufgabe 2</u>: *Es gibt viel Begriffe, die mit dem Wort <u>Polar</u>- beginnen. Schreibe sie richtig auf!*

  Polar- 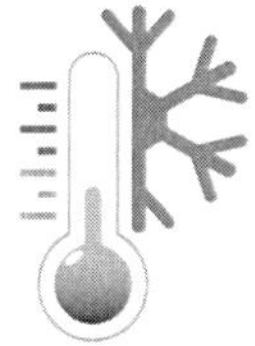 

-klima, -gebiete, -stern, -nacht, -tag, -eis, -hund,
-luft, -meer, -zone, -wolf, -fuchs, -wind, -bär

<u>Aufgabe 3</u>: *Erstellt Steckbriefe zu den Tieren, die in der Arktis/ Antarktis leben. Dazu gehören: Bild, Größe, Gewicht, Nahrung, Besonderes. Bildet kleine Gruppen und wählt ein Tier aus: (Ihr könnt auch weitere Tiere beschreiben)*

Eisbär Walross, Kaiserpinguin, Schwertwal,
Seeleopard, Rentier, Blauwal, Pottwal,
Buckelwal, Polarfuchs, Moschusochse,
Adéliepinguin

PA

<u>Aufgabe 4</u>: *Der Eisbär wohnt am Nordpol, der Pinguin am Südpol. Wenn die beiden sich treffen würden, wäre es wahrscheinlich ganz schnell um den Pinguin geschehen: der Eisbär würde ihn auffressen. Doch: Was könnten sich die beiden erzählen, wenn sie sich treffen würden? Berichtet über den Nordpol (Eisbär) und den Südpol (Pinguin). Ihr könnt ein kleines Rollenspiel gestalten, bei dem auch mehrere Eisbären und Pinguine zu Wort kommen dürfen.*

KOHL VERLAG Lernwerkstatt ARKTIS UND ANTARKTIS Grundschule – Bestell-Nr. 11 881

VII. Der Nikolaus wohnt am Nordpol.

EA

Aufgabe 5:

An einem Sommertag bekommt der Nikolaus einen ganz besonderen Besuch: Ein kleiner Pinguin klopft an seine Tür. Was will der Pinguin wohl vom Nikolaus?

- Der Nikolaus soll lieber am Südpol wohnen, er soll umziehen.
- Alle Pinguine wollen einen Ausflug zum Nordpol machen und den Nikolaus besuchen.
- Der Pinguin möchte, dass sich alle Bewohner von Süd- und Nordpol in der Mitte (am Äquator) treffen.

Schreibt eine kleine Geschichte und erzählt, was der kleine Pinguin vom Nikolaus will. Und was der Nikolaus wohl dazu sagt.

GA

Aufgabe 6: *Polarlandschaft gestalten*

Ihr braucht für den Schnee:

- 2 Tassen Maisstärke
- $\frac{1}{2}$ Tasse Pflanzenöl
- 3 Löffel Glitzer

Ihr braucht für die Landschaft:

- eine große, flache Schale oder Kiste
- Um die Landschaft lebendig zu gestalten, sind Figuren und Tiere geeignet. Bestimmt findet sich in den Spielkisten der Kinder zuhause das eine oder andere passende Teil.

So geht es:

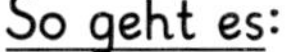

Eine Gruppe kann den Nordpol, die Arktis, die andere den Südpol, die Antarktis, gestalten. Der Schnee ist ziemlich bröckelig, fast wie nasser Sand. So stellt man ihn am besten gleich in einer großen, flachen Schale oder Kiste her, die sich auch für den weiteren Aufbau eignet. Mit ein paar Iglus, Eisbären und anderen Spielfiguren entsteht eine wunderschöne Schneelandschaft mit Bergen und Tälern.

KOHL VERLAG
Lernwerkstatt ARKTIS UND ANTARKTIS
Grundschule – Bestell-Nr. 11 881

VII. Verschiedene Aufgaben

Aufgabe 7: EA

Male das Mandala zum Nord- und Südpol bunt aus.

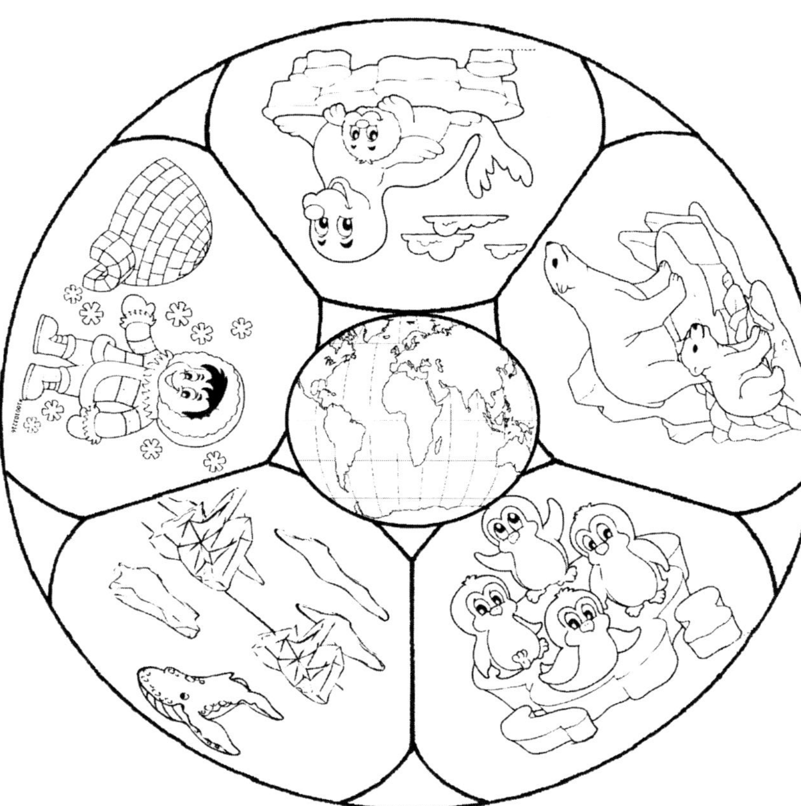

Urkunde

zum Polfachmann – zur Polfachfrau

Name

____

Klasse

____

Lehrer / in

____

Datum

____

Die Lösungen

Kapitel I

Aufgabe 1:

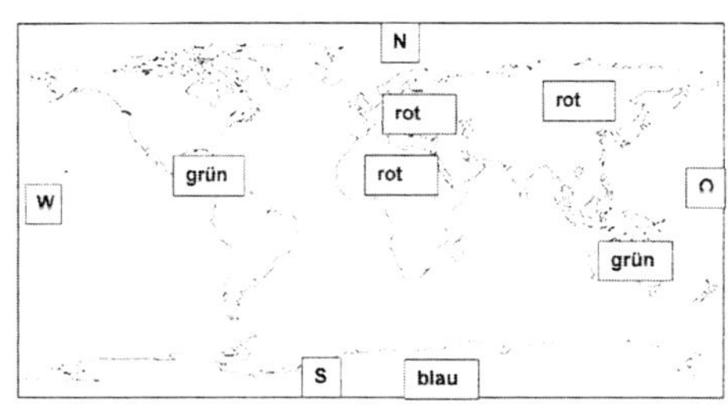

Aufgabe 2:

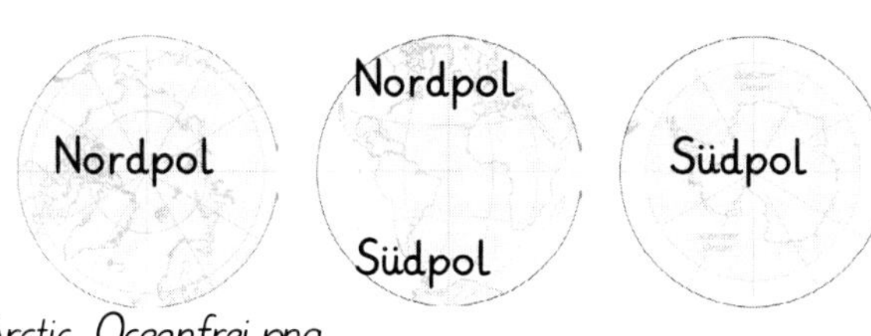

Arctic_Oceanfrei.png

Aufgabe 3: **Von oben nach unten:** Arktis-Polargebiet um den Nordpol. Man sieht Eisbären und Eisbrecher (Schiffe), Laub- und Nadelbäume sowie Blumen wachsen in der gemäßigten Zone. Kakteen und sengende Sonne – die Wüste. Dschungel – Regenwald, hier leben Affen. Pinguine leben um den Südpol, in der Antarktis.

Kapitel II

Aufgabe 1: a)

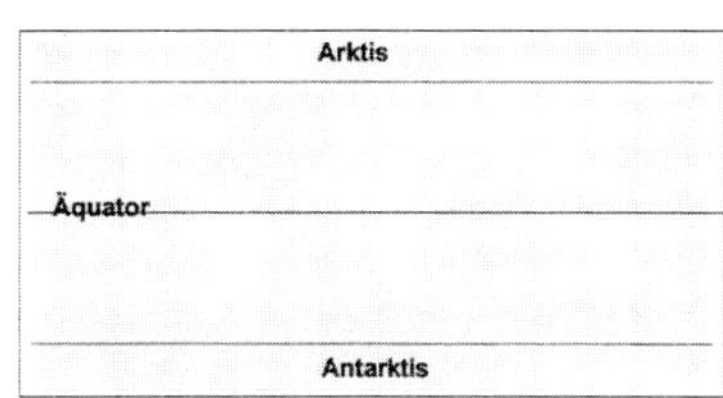

b) Die Gegend um den Südpol nennt man Antarktis, die Gegend um den Nordpol heißt Arktis.
c) In der Arktis leben Eisbären, Moschusochsen und Robben.
d) In der Antarktis leben Pinguine, Seeleoparden und Wale.

Aufgabe 2: Eigene Antworten, man brauchte auf jeden Fall genug Nahrung und warme Kleidung, Zelte usw.

Aufgabe 3: a) Der Nordpol wurde von Edwin Peary entdeckt.
b) Den Südpol entdeckte Roald Amundsen.

Aufgabe 4: Siehe rechts, links Nordpol, rechts Südpol

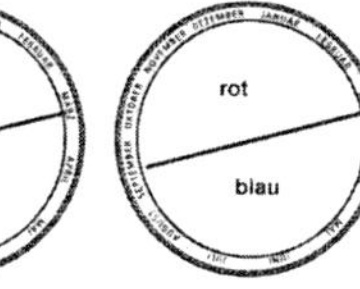

Kapitel III

Aufgabe 1: Siehe Karte rechts

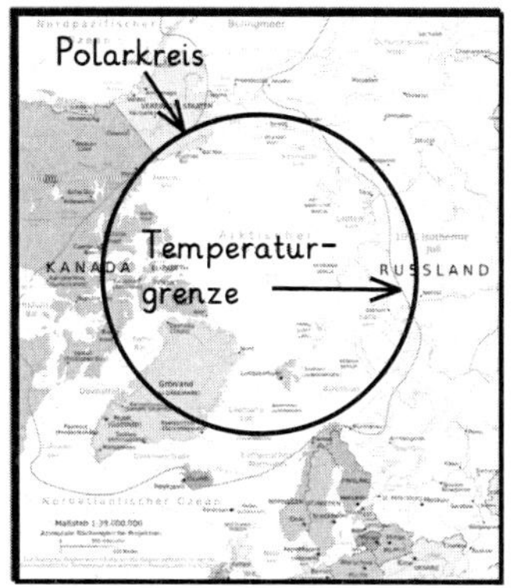

Aufgabe 2: a) Zu Europa: Grönland, Island, Norwegen, Schweden, Finnland.
Zu Asien gehört Russland.
Zu Nordamerika zählen Alaska und Kanada.
b) Australien, Südamerika und Afrika haben keinen Anteil an der Arktis.

Aufgabe 3:

E	R	T	U	K	Ö	P	A	I	S	C	H
R	U	S	S	L	A	N	D	M	C	H	N
M	O	R	E	I	L	B	U	U	H	I	O
A	R	I	S	L	A	N	D	R	W	E	R
B	E	W	F	U	S	E	N	M	E	T	W
D	E	R	T	A	K	A	N	A	D	A	E
G	R	Ö	N	L	A	N	D	N	E	B	G
F	E	S	O	T	K	S	E	S	N	I	E
F	I	N	N	L	A	N	D	K	G	R	N

Lernwerkstatt ARKTIS UND ANTARKTIS
Grundschule – Bestell-Nr. 11 881
KOHL VERLAG

Die Lösungen

Kapitel III

Aufgabe 4: Siehe Karte rechts

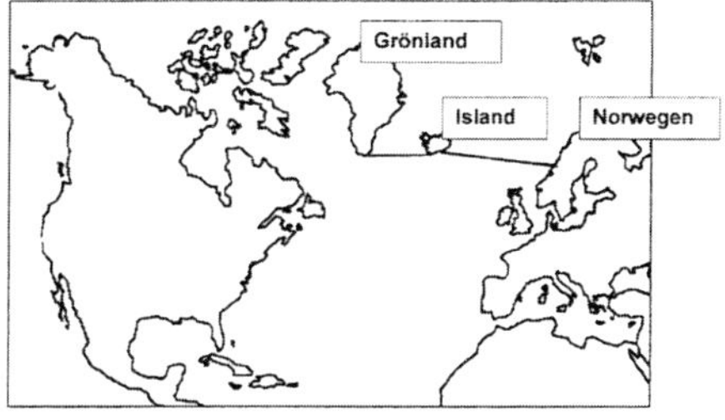

Aufgabe 6:

a) Um ein Iglu zu bauen, werden Eisblöcke geschnitten und wie Ziegelsteine übereinander geschichtet. Die Ritzen werden dann mit Schnee abgedichtet. Anstelle einer Tür wird ein kleiner Eistunnel gebaut, der mit einem Eisblock verschlossen werden kann.
b) Die Inuit nutzten Schlitten, die von Huskys gezogen wurden.
c) Die Kajaks wurden zur Jagd genutzt, die größeren Umiaks als Reiseboote.

Aufgabe 7:

a) Die Same erfanden die Skier.
b) Die samen leben in Schweden, Finnland, Norwegen und Russland.
c) Der Name bedeutet „Sumpfleute".
d) Die traditionellen Behausungen nennen wir Kote.
e) Die Samen nutzten von ihren Rentieren Fleisch, Fell, Horn und Milch.

Aufgabe 8: Polarwüste: Bild 5, 6, 10; Tundra: Bild 1, 8, 11; Taiga: Bild 2, 3, 4, 7, 9, 12

Kapitel IV

Aufgabe 1:

Aufgabe 2: z. B.: Ich lebe nur in der Arktis, ich habe ein weiß-gelbliches Fell.

Aufgabe 3: Die Bilder von links nach rechts, von oben nach unten:
Moschusochse, Sibirischer Lemming, Luchs, Polarfuchs, Schneehase, Vielfraß, Polarwolf; Rentiere (Karibus).

Aufgabe 4:

a) Der Moschusochse ist größer.
b) Karibus ließen sich nicht zu Haustieren machen.
c) Rentierweibchen tragen auch ein Geweih.
d) Der Polarfuchs hat im Winter ein ganz weißes Fell.
e) Polarwölfe leben in Rudeln.
f) Der Luchs kann besonders gut sehen und hören.
g) Verwandte des Schneehasen sind der Alaskahase und der Polarhase.
h) Beliebte Beute für Polarfüchse und Polarwölfe sind die Sibirischen Lemminge.
i) Der Vielfraß frisst alles, was er kriegen kann.

Kapitel V

Aufgabe 1: Der Reihe nach: Kiemen, Lungen, Sauerstoff, Wasseroberfläche, Eier, säugen, Delfine, Körpertemperatur, Wassers

Aufgabe 2: Walross, Bartrobbe, Ringelrobbe, Sattelrobbe

Aufgabe 3: Gras – Kuh – Mensch
Alge – Hering – Makrele - Mensch

Aufgabe 4: Alge – Wasserfloh – Krill – Fisch – Robbe – Eisbär

Aufgabe 5: Siehe rechts

Aufgabe 6: Lösungswort: **Delfine**

Aufgabe 7: Lösungswort: **Elch**

KOHL VERLAG Lernwerkstatt ARKTIS UND ANTARKTIS
Grundschule – Bestell-Nr. 11 881

Die Lösungen

Kapitel VI

Aufgabe 1:
a) Um die Antarktis liegen Südamerika, Australien und Afrika.
b) Die Antarktis ist vom Südpolarmeer umgeben. Rundum liegen der Pazifische, der Atlantische und der Indische Ozean.

Aufgabe 3: Zusammen gehören: A – 3, B – 1, C – 4, D - 2

Aufgabe 5:
a) Pinguine leben auf der Südhalbkugel unserer Erde.
b) Pinguine können nicht fliegen.
c) Pinguine hüpfen, laufen oder rutschen.
d) Pinguine suchen im Meer nach Nahrung.
e) Pinguine fressen Fisch, Krebstiere und Tintenfische.
f) Eselspinguine bauen ihre Nester aus Steinchen.
g) Pinguine haben eine dicke Fettschicht unter ihrer Haut.
h) Pinguine sind prima Taucher und Schwimmer.

Aufgabe 6:

Aufgabe 8: Der Reihe nach: Seeleopard, Schwertwal, Robben, Pinguine, Fische, Killerwal, Orka, Rückenflosse, Gruppen

Aufgabe 10:
1) Erderwärmung – das Eis schmilzt durch die Treibhausgase.
2) Tiere verlieren Lebensraum und finden keine Nahrung mehr.
3) Viel mehr Schiffsverkehr stört das Leben der Wale.
4) Das herkömmliche Leben der Inuit wird gestört.
5) Umweltverschmutzung und Müll vergiften die Arktis.

Aufgabe 11:
1) Ozonloch
2) Erderwärmung
3) Rohstoffvorkommen
4) Fischfang
5) Touristen – Lärm, Abfall, Müll

Kapitel VII

Aufgabe 1:

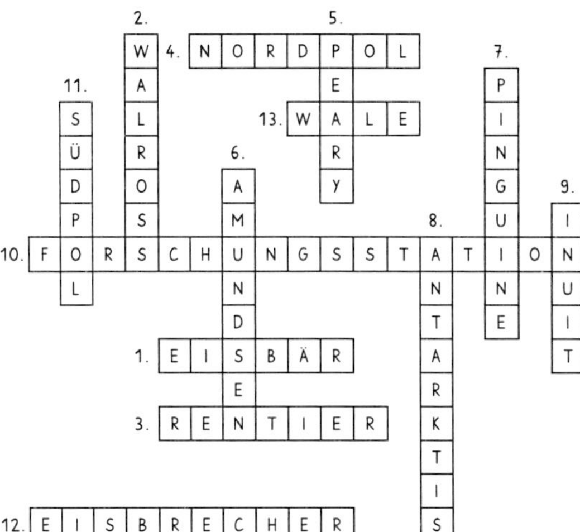

Lösungswort:

PINGUIN

Aufgabe 2: Polargebiete, Polarklima, Polarstern, Polarnacht, Polartag, Polareis, Polarhund, Polarluft, Polarmeer, Polarzone, Polarwolf, Polarfuchs, Polarwind, Polarbär